Erläuterungen und Dokumente

Hermann Hesse
Unterm Rad

Von
Helga Esselborn-Krumbiegel

Philipp Reclam jun. Stuttgart

Universal-Bibliothek Nr. 8200

Gesamtherstellung: Reclam, Ditzingen. Printed in Germany 1995

ISBN 3-15-008200-5

Inhalt

I. Kommentar, Wort- und Sacherklärungen

Die Seiten- und Zeilenangaben beziehen sich auf: Hermann Hesse, *Unterm Rad*, Frankfurt a. M.: Suhrkamp, 1972 [u. ö.]; (suhrkamp taschenbuch, 52).

3 [Titel] *Unterm Rad:* Der bildliche Ausdruck spielt auf das Überrolltwerden und die Zerstörung durch äußere Gewalt an. Hans Giebenrath, die Zentralfigur der Erzählung, zerbricht an der rigorosen, die Entfaltung der individuellen Persönlichkeit behindernden Erziehung durch Elternhaus, Schule und Gesellschaft. Die frühe Warnung des Schulleiters »Nur nicht matt werden, sonst kommt man unters Rad« (93,1 f.) kann Giebenrath nicht beherzigen, denn in seiner psychischen Labilität scheitert der Heranwachsende auch an seiner eigenen Unfähigkeit. Eine Anspielung auf das Rad des Lebens (Bhavatchakra) liegt ebenfalls nahe, jener buddhistischen Vorstellung von dem Kreis verschiedener erlösungsbedürftiger Daseinsformen, die dem Dämon der Unbeständigkeit anheimgegeben sind. Hesse kannte durch sein Elternhaus, in dem man mit missionarischem Eifer, aber auch mit respektvollem Interesse fernöstliche Religionen studierte, diese Vorstellungswelt recht genau. Vgl. auch Anm. zu 93,1 f. Zum Dingsymbol des Rades vgl. Anm. zu 15,20 f. und zu 153,21.

[Untertitel] *Erzählung: Unterm Rad* trug zunächst die Bezeichnung »Roman«; erst seit der Aufnahme in die 1925 begonnene Reihe der *Gesammelten Werke* im S. Fischer Verlag erscheint das Werk mit dem Untertitel »Erzählung«; eine Ausnahme bildet lediglich die 1951 erschienene Ausgabe im Verlag Fretz & Wasmuth in Zürich.

Erstes Kapitel

7,2 *Herr Joseph Giebenrath:* Neben dem Haus des Calwer Verlagsvereins, Bischofstr. 4, das Hesses Großvater Gundert bewohnte und in dem auch Hesses Familie 1886–89 und 1893–1905 lebte, stand das alte Postamt und, durch eine schmale Gasse getrennt, ein Haus mit der Aufschrift »Wirtschaft und Baeckerei Heinrich Giebenrath«. Im Hause des Großvaters entstanden große Teile der Erzählung *Unterm Rad*, hier spielen auch *Kinderseele*, *Demian* und andere Erzählungen.
Der Blick auf Hans Giebenraths Vater eröffnet und beschließt die Erzählung und weist dieser Figur damit eine entscheidende Rolle im Leben und Scheitern des Sohnes zu.
Agent: Vermittler, hier: von Waren.

7,5 *kommerzielle Begabung:* Geschick in Handelsgeschäften.

7,11 *Schoppen:* Flüssigkeitsmaß, im Gaststättengewerbe (Wein, Bier) etwa 1/4 Liter.

7,15 *Protzen:* Protz: Wichtigtuer, Angeber.

7,17 *»Adler«:* In Hesses Jugend stand das »Hotel Adler« an der Ecke Bahnhofstraße/Stuttgarter Straße in Calw.

7,18 *Voressen und Metzelsuppen:* Ragouts, hier wohl aus Innereien, und Wurstsuppen, die bei Schlachtfesten gereicht wurden.

7,20 *Philister:* hier in der Bedeutung: Spießbürger, engstirniger Mensch.

7,28 *Liebhaberaufführung des Bürgervereins:* Theaterspiel privater Laiengruppen, zunächst bei Hofe, seit dem 18. Jh. auch in bürgerlichen Kreisen. Verbreitete und geschätzte Einrichtung, häufig in Orten, die kein eigenes Theater besaßen, aber auch als Gegengewicht zu den kommerziellen Theatern entwickelt. Laienschauspieler führten in ihnen zur Verfügung gestellten öffentlichen, meist jedoch privaten Räumlichkeiten Theaterstücke ihrer Wahl, nicht selten auch selbstverfaßte Werke auf.

7,30 f. *Er hätte mit jedem beliebigen Nachbarn Namen und Wohnung vertauschen können:* Joseph Giebenraths Bedeutungslosigkeit läßt ihn zum Inbegriff des Spießbürgers werden, der jenes Klima geistiger und emotionaler Enge erzeugt, in dem nur die Angepaßten überleben können. Mit Hilfe der Satire legt Hesse gleich zu Beginn der Erzählung Giebenraths Philistertum bloß. Während es in der Zeit des poetischen Realismus kaum satirische Prosa in Deutschland gab, gelangt die Satire in Wilhelminischer Zeit erneut zur Blüte. Viel schärfer als Hesse greifen Heinrich Mann (*Im Schlaraffenland*, 1900; *Die Jagd nach Liebe*, 1903; *Professor Unrat*, 1905; *Der Untertan*, 1916) in seinen Romanen und Frank Wedekind (*Frühlingserwachen*, 1891) und Carl Sternheim (*Die Hose*, 1911) in ihren Dramen die Gesellschaft ihrer Zeit an.

7,32–8,2 *Auch das Tiefste seiner Seele . . . teilte er mit sämtlichen Hausvätern der Stadt:* Mit Bitterkeit charakterisiert Hesse hier die in ihren sozialen und psychischen Strukturen erstarrte Gesellschaft, der das Außergewöhnliche verdächtig erscheint.

8,3 *Ironiker:* ein Mensch, der mit Ironie spricht, d. h. mit einem Spott, der sich hinter scheinbarem Ernst verbirgt und das Gegenteil dessen ausdrückt, was man eigentlich meint.

8,7 *Hans Giebenrath:* Hesse wählt für seinen Helden den Vornamen seines jüngeren Bruders, dessen Leiden an der Schule er nach eigenen Aussagen in dieser Erzählung mit gestaltet hat. Vgl. S. 56.

8,9 *Schwarzwaldnest:* Hermann Hesse ist in Calw im Schwarzwald geboren und aufgewachsen; das Städtchen taucht in seinen Werken immer wieder auf. Vgl. die in dem Band *Gerbersau* zusammengefaßten Erzählungen, die in Calw und in Schwaben spielen. Die der kleinen Stadt eigentümliche Mischung von Geschäftigkeit und Frömmigkeit, die Hesse in seiner Erzählung charakterisiert, erklärt sich aus der Geschichte Calws: Im 11. Jh.

durch die Grafen von Calw gegründet, erhält Calw bereits im 13. Jh. Stadtrechte. Im 17. Jh. wird es belagert und gebrandschatzt. Als Zentrum des Pietismus spielt es schon im 17. Jh. unter dem Dekan Johann Valentin Andreä (1586–1654) eine wichtige Rolle. Im 17. und 18. Jh. etabliert sich die »Calwer Companie«, ein Handelsverband von Gerbern und Tuchmachern, der durch Finanz- und Wechselgeschäfte bald überregionale Bedeutung gewinnt. Hinzu kommen seit 1720 eine Holzhandelsgesellschaft mit Flößerei, Salzhandel und Beteiligungen an Kobalt- und Silberbergbau. Zur Innerlichkeit neigende christliche Frömmigkeit gepaart mit tätiger Nächstenliebe verbindet sich mit einer blühenden Kapitalwirtschaft. In seinem Aufsatz »Die protestantische Ethik und der Geist des Kapitalismus« (1904/05) nennt der Soziologe Max Weber (1864–1920) Calw als Beispiel dafür, daß »für die Pietisten die Kombination von intensiver Frömmigkeit und ebenso entwickeltem geschäftlichem Sinn und Erfolg« gegolten habe.
Hermann Hesse hat in seinen Erzählungen Calw mitunter mit bitterer Ironie, vielfach aber auch mit Zuneigung geschildert. In einem Erzählfragment mit dem Titel »Prosa« heißt es: »Es schien mir in manchem Augenblick, als sei tatsächlich und ›objektiv‹ von uns bald nach 1870 Geborenen etwas erlebt worden, was nicht mehr vorhanden ist [. . .]. Ich habe etwas zu schildern versucht, was ich gesehen und erlebt habe und was mir des Festhaltens wert schien: das innere Bild einer kleinen schwäbischen Stadt um 1880–90, in der nichts Großes geschah und geleistet wurde, in der aber trotz allen Krämer- und Philistertums eine seelische Einheit des Volkes, eine Sättigung mit vielhundertjähriger Tradition des Denkens und der Phantasie lebendig war. Es war das Deutschland der Gründerzeit und der beginnenden ›wilhelminischen‹ Epoche, und eine Menge der damaligen Begriffe und Symbole sind heute verschwunden. Es war aber auch das

Schwaben einer alten, ebenso ehrwürdigen wie wunderlichen Kultur, es war ein Volksleben, unter dessen Oberfläche ein heiliger Mythos in reich verschnörkelten Erinnerungen und Traumbildern noch lebendig spielte« (Zit. nach: Volker Michels, Hrsg., *Hermann Hesse. Sein Leben in Bildern und Texten*, S. 41).

8,14 *Sie war seit Jahren tot:* mutterlos wachsen auch Hesses Helden Goldmund (*Narziß und Goldmund*) und Josef Knecht (*Das Glasperlenspiel*) auf. Der Verlust der Mutter hat sie des emotionalen Schutzes beraubt, dessen sie zu ihrer Entwicklung bedurft hätten. Ihre erhöhte Sensibilität setzt sie den Gefährdungen des Lebens schutzloser aus als ihre Altersgenossen.

8,18 f. *das in seinen acht bis neun Jahrhunderten:* Calw wurde 1075 zum ersten Mal erwähnt und war bis ins 13. Jh. Residenz der Grafen von Calw.

8,23 *Hypertrophie:* übermäßiges Wachstum.

8,24 *Degeneration:* körperlicher oder geistiger Verfall.

8,27 *Existenz des »modernen Menschen«:* Das geistige Klima der Jahrhundertwende war spürbar geprägt von den bahnbrechenden Untersuchungen der Psychologie Sigmund Freuds (vorbereitet durch Johann Friedrich Herbart, Friedrich Nietzsche u. a.), fortgesetzt vor allem durch C. G. Jung und Alfred Adler. Ihre Erkenntnisse über das Unbewußte führten zur Entwicklung der Psychoanalyse.

8,29 *Reden Zarathustras:* Friedrich Nietzsches (1844–1900) Werk *Also sprach Zarathustra* (1883–85) gehörte um die Jahrhundertwende bereits zur populären Philosophie der Zeit.

8,31 *Habitus:* Erscheinungsbild, Beschaffenheit.

9,4 *Lateinschule:* Lateinschulen waren jene selbständigen kleineren Schulen, deren Hauptfach Latein war; sie umfaßten die Unterklassen des Gymnasiums. Hesse selber besuchte als Zehnjähriger die Lateinschule in Calw.

9,9 f. *Damit war seine Zukunft bestimmt und festgelegt:*

Von vornherein ist Hans Giebenrath durch sein zartes Wesen und seine Begabung zum Außenseiter bestimmt. Jeder möglichen Bedrohung des Gemeinwesens durch den Außenseiter aber kommen seine »Erzieher« zuvor durch eine klar vorgezeichnete Zukunftsperspektive.

9,10–12 *Denn in schwäbischen Landen ... einen einzigen schmalen Pfad:* Hesse spielt hier in Wortwahl und Syntax ironisch auf die altertümelnde Diktion pietistischer Erbauungsschriften an; der »schmale Pfad« ist ein beliebtes Bild religiöser Erbauung: die Gottesfürchtigen gelangen auf dem schmalen Pfad ins Himmelreich, während die Gottlosen auf der breiten Bahn weltlicher Vergnügungen ins Verderben treiben.

9,12 *Landexamen:* Prüfung, die den Zugang zu einer der evangelischen Klosterschulen des Landes Württemberg regelt. Auch Hermann Hesse legte diese Prüfung am 14./15. Juli 1891 in Stuttgart ab: »Es schien bei der Tradition der Familie [...] das Gegebene, mich studieren zu lassen, und zwar Theologie, denn nicht nur entsprach das den Wünschen der Familie, es war außerdem das Billigste, denn für württembergische Theologen gab es vom 14. Jahr an eine kostenlose Ausbildung für alle Knaben, welche das ›Landexamen‹ mit Erfolg bestanden. Dies Examen diente dazu, jedes Jahr im Lande etwa 45 Knaben im Alter von 14 Jahren auszuwählen, die dann als Stipendiaten in ein Seminar und später an die Tübinger Universität (ins theologische ›Stift‹) aufgenommen wurden« (aus: »Biographische Notizen«, 1922/23, zit. nach: Volker Michels, Hrsg., *Hermann Hesse. Sein Leben in Bildern und Texten*, S. 46).

Seminar: das evangelische Klosterseminar in Maulbronn; vgl. Anm. zu 53,5.

9,13 *Tübinger Stift:* württembergische Lehranstalt der evangelischen Theologie in Tübingen, 1536 von Herzog Ulrich gegründet. Besonderes Gewicht wurde auf die gründliche philosophische und sprachliche Ausbildung gelegt. In seiner Novelle *Im Presselschen Gartenhaus* (1914) läßt Hesse drei berühmte »Stiftler« zusammentreffen: Hölderlin, Mörike und Waiblinger. Andere bekannte »Stiftler« waren Johannes Kepler, Hegel, Schelling, Gustav Schwab, David Friedrich Strauß und Friedrich Theodor Vischer.

9,13 f. *auf die Kanzel oder aufs Katheder:* als Pfarrer oder als Lehrer tätig werden.

9,17 *Gebiete des humanistischen Wissens:* humanistisches Wissen bedeutet im engeren Sinne die Kenntnis der griechischen und lateinischen Sprache, die am humanistischen Gymnasium gelehrt werden.

9,22 *Hekatombe:* In der Antike wohl ein Opfer von hundert Rindern; aber schon bei Homer scheint das Wort nur ›großes Opfer‹ bedeutet zu haben; übertragen auch für große Menschenverluste durch Krieg oder Seuchen.

9,28 *peinlichen:* sehr gewissenhaft durchgeführten.

9,32 *Repetitionsstunde:* Unterrichtsstunde, die der Wiederholung und Festigung des Lehrstoffes dient.

9,36 f. *Partikeln:* Wörter, die im Satzzusammenhang grammatisch unverändert bleiben.

10,3 *prosodische Feinheiten:* die Feinheiten der Sprache im Vers, besonders im Verhältnis von Ton und Wort.

10,15 *Brenzischer Katechismus:* Johannes Brenz (1499 bis 1570) wirkte bei der Einführung der Reformation in Württemberg mit und verfaßte einflußreiche kirchliche Schriften.

10,26 *Dekan:* kirchlicher Leiter.

10,32 *Repetieren:* wiederholen.

10,32 *Präparieren:* vorbereiten.

11,21 f. *er sieht ja direkt vergeistigt aus:* Den Notsignalen des überforderten Körpers und der bedrängten Seele schenken weder die Erwachsenen noch Hans selber Beachtung; sie deuten sie vielmehr als äußere Zeichen seiner besonderen Begabung.

11,23 *eklatant:* offenkundig.

11,28 *Grazie:* Anmut.
Botticelli: Sandro B. (1445–1510), italienischer Maler der Renaissance, der vor allem allegorisch-mythologische Bilder schuf.

11,31 *durch die schmale Klosterpforte des Seminars:* auch hier dient die Anspielung auf den pietistischen Sprachgebrauch der Ironisierung; vgl. Anm. zu 9,10–12.

12,4 *Kirchberglinden:* Lindenbäume, die in Calw zur Erinnerung an die dreihundertjährige Wiederkehr der Reformation gepflanzt wurden.

12,6 *beide große Brunnen:* Der langgestreckte Marktplatz von Calw weist an beiden Enden einen Brunnen auf (vgl. Abb. S. 13).

12,10 *Zwar hatte er Kopfweh:* Auch Hermann Hesse klagte während der Vorbereitungen für das Landexamen wiederholt über »Kopfwehanfälle« (Brief an die Eltern, geschrieben aus Göppingen am 24. Februar 1891), und am 28. Juni 1891 schrieb er ihnen: »ich freue mich auf die Ruhe in der Vakanz, da kann der gemarterte Kopf sich erholen.« Zur leitmotivischen Bedeutung des »Kopfwehs« in dieser Erzählung vgl. Anm. zu 35,34.

12,17 f. *die kleine gotische Brückenkapelle:* Auf der Nikolausbrücke über die Nagold in Calw steht über dem mittleren Pfeiler eine im 14. Jahrhundert errichtete Brückenkapelle, das Wahrzeichen der Stadt.

12,20 f. *ein Gerberplatz neben dem anderen:* Calw gelangte durch das Gerber- und das Tuchmacherhandwerk zu wirtschaftlicher Blüte.

12,32 *das tiefe, ruhige Wasser:* Schon früh in der Erzählung setzen die ersten Vorausdeutungen auf Hans Giebenraths Tod ein: zwar ist das Wasser hier noch ganz das Element, dem er sich in freudiger Hingabe zuwendet, jedoch seine Faszination verdichtet sich später zunehmend zu einem unentrinnbaren Sog. Vgl. Anm. zu 26,8–14.

13,2–13,10 *Weißfische und Barben ... Schleien ... Elritzen*

Marktplatz in Calw mit Brunnen
(Vgl. Anm. zu 12,6)

... *Blecken:* Karpfenfische, die als gute Speisefische gelten.

13,23 *memorierte:* aus dem Gedächtnis hersagte.

13,36 *Pietisten:* Anhänger des Pietismus, einer protestantischen Erweckungsbewegung im 17./18. Jh., die gefühlsbetonte Frömmigkeit und tätige Nächstenliebe betonte. Hesses Elternhaus war vom Geist des wiedererwachten Pietismus geprägt, mit dem Hesse sich vehement auseinandergesetzt hat (vgl. S. 64 ff.) Der Schuster Flaig ist hier allerdings als positives Gegenbild zu dem verständnislosen Vater und den bornierten Erziehern gestaltet.

14,11 *Stundenbrüder:* die Gläubigen der pietistischen Gemeinschaft, die untereinander Gebetsstunden abhielten.

14,26 *ein Neumodischer:* Gemeint ist hier: ein Anhänger der »Leben-Jesu-Forschung«, die in der Nachfolge des Theologen David Friedrich Strauß (1808–74) kritisch nach dem historischen Jesus fragte.

14,32 f. *Du weißt, daß wir alle Hoffnungen auf dich setzen:* Die ihm bestimmte theologische Laufbahn sichert Hans die Wertschätzung der Philister, denn auf diese Weise mehrt der Außenseiter durch seine Erfolge ihr eigenes Ansehen, ohne ihre Normen und Erwartungen zu erschüttern. Wie so oft in dieser Erzählung verdeutlicht Hesse hier durch die direkte Gegenüberstellung der beiden Gestalten und ihres Verhaltens zwei unterschiedliche Lebensauffassungen: der Schuster sorgt sich um den Knaben und dessen Wohlergehen, der Pfarrer aber sieht nur auf den Erfolg seiner Bemühungen und sein eigenes Ansehen.

15,12 f. *in den kleinen, abschüssigen Garten:* Da Calw in einem engen Tal liegt, stehen zahlreiche Häuser am Hang, und die schmalen, langen Gärten ziehen sich den Hang hinunter.

15,20 f. *das kleine, hölzerne Wasserrädchen lag verbogen:* Hier baut sich das Dingsymbol des Rades allmählich auf: verbogen und zerbrochen ist dieses Überbleibsel aus einer Kindheit, der gewaltsam ein Ende gesetzt wurde. Hans trägt das seine dazu bei, indem er selber das Rädchen vollends zerbricht, sowie er gleich darauf den Kaninchenstall zerschlägt, um das Heimweh nach den unbelasteten Vergnügungen der Kindheit zu bannen. Auch Hermann Hesse nannte einen Kaninchenstall im Garten seines Vaters sein eigen (vgl. »Kindheit des Zauberers«, GW 6, S. 374).

15,30 f. *Vesper:* Nachmittagsmahlzeit.

15,31 *gelbe Rüben:* Möhren.

16,3 *Remise:* Geräteschuppen.

16,23 f. *Stellfallen:* Die Nagold wurde durch zwei Wehre gestaut, um Mühlen und Fabrikmaschinen zu treiben. Öffnete man die seitlich angebrachten Stellfallen, so konnten Langholzflöße talabwärts ziehen.

17,6 *Cäsar:* Der Bericht des römischen Feldherrn und späteren Kaisers Gaius Julius Cäsar (100–44 v. Chr.) *De bello Gallico* gehörte zur Pflichtlektüre im lateinischen Schulunterricht.

17,6 f. *Xenophon:* X. (um 430 – um 354 v. Chr.), griechischer Geschichtsschreiber und Schriftsteller, dessen *Anabasis*, die den Vormarsch und Rückzug der Griechen gegen Artaxerxes II. beschreibt, zur klassischen Schullektüre gehörte.

17,31 *Gehrock:* langes Herrenjackett.

18,5 *Retourbillet:* Rückfahrkarte.

18,13 *Residenz:* hier: die Landeshauptstadt Stuttgart.

18,17 *Pferdebahnen:* auf Schienen laufende Bahnen, von Pferden gezogen, zur Beförderung von Waren und Personen.

18,18 *Man logierte:* man wohnte, übernachtete.

18,24 *städtische Toilette:* städtische Art, sich zu kleiden, zu frisieren usw.

18,25 *Stutzuhr:* kleine Tischstanduhr.

18,33–35 *daß auch das Spazierengehen hier in der großen Stadt eine andere Art von Vergnügen sei als daheim:* Der

Kontrast von Stadt und Land, Naturnähe und Großstadtgetriebe beschäftigte Hesse immer wieder. Schon in seinem ersten Erfolgsroman *Peter Camenzind* wird dieser Gegensatz für den Konflikt der Zentralfigur tragend. Diese oft zur plakativen Überzeichnung neigende Konstruktion der Gegensätze ist in der Forschung häufig auf Kritik gestoßen. So kommentiert Karl-Heinz Hucke kritisch: »Die poetisch, nicht gesellschaftlich konstitutive Opposition ›Land/Dorf versus Stadt‹ sprengt so im Heimatroman jene real für jedes Individuum existierende Universalität der hierarchischen Gesellschaftsstruktur, nämlich die Erfahrung der Totalität eines gesellschaftlichen Raumes, in ein Nebeneinander radikal unterschiedener sozial konnotierter Räume. Und diese eröffnen, ja erzwingen grundsätzlich verschiedene Formen der Existenz für das Individuum: auf dem Lande die Identität mit sich selbst und der Natur (auch dem natürlichen sozialen Umfeld), in der Stadt Isolation, Entmenschlichung, Entfremdung von sich und den zwar grell illuminierten, aber bloß künstlichen Fassaden der ökonomisierten, technifizierten, industrialisierten und damit letztlich entseelten Landschaft« (Hucke, S. 22).

19,4 *Eloquenz:* Beredsamkeit.

19,9 *Zwicker:* eine Brille ohne Bügel, oft auch ohne Fassung, die mit einer elastischen Brücke auf die Nase geklemmt wird.

19,24 f. *Krankenfahrstühlen:* Rollstühlen.

20,16 f. *desperat:* verzweifelt.

21,21 *Famulus:* Assistent des Professors oder Lehrers.

21,25 f. *Rasch und fast fröhlich machte er sein Konzept:* Auch Hermann Hesse ging die lateinische Prüfung rasch von der Hand: »Beim Lateinischen gestern war Hermann der Zweite, der fertig wurde und bald nach elf Uhr heimwanderte und ins Volksbad.« (Marie Hesse an Hermann Gundert und Johannes Hesse am 15. Juli 1891; KuJ 1, S. 102.)

21,28–34 *Zwar verfehlte er darauf den Weg ... wie ein waghalsiger Abenteurer vor:* Der Vergleich dieses zweiten Eindrucks, den Hans Giebenrath bei seinem Gang durch die fremde Stadt gewinnt, zeigt, wie eng seine Wahrnehmung mit seinem jeweiligen Befinden verbunden ist und zugleich seine seelische Verfassung widerspiegelt. Die »tiefe Beklemmung« des ersten Eindrucks (18,14 f.) ist hier waghalsiger Abenteuerlust gewichen. So korrespondiert seine Wahrnehmung der äußeren Wirklichkeit durchgängig mit seiner inneren Befindlichkeit. Vgl. auch Anm. zu 24,35 f.

22,12 *Kasus:* hier: Problemfall.

22,26 *Examinanden:* zum Examen angetretene Schüler.

22,31 *Primus:* der Beste.

23,32 *Sacktuch:* Taschentuch.

24,2 *Delinquent:* Verbrecher, Missetäter.

24,20 *Aorist:* im Griechischen die Form des Verbs, die eine einmalige abgeschlossene Handlung bezeichnet.

24,35 f. *Als er durch die Straßen schritt ... nie mehr wegkommen:* Bestimmt vom Gefühl des Versagens erlebt Hans seinen Gang durch die fremde Stadt als ausweglos; seine seelische Not wird auch hier räumlich sichtbar.

25,20 *Cannstatt:* Bad Cannstatt war bis 1905 eine selbständige Stadt (heute ein Stadtteil von Stuttgart, rechts des Neckars), hat mit 18 Mineralquellen eines der größten Mineralwasservorkommen Europas. Seine Heilquellen wurden schon in römischer Zeit und im Mittelalter genutzt.

26,8–14 *Langsam gegen die schwache Strömung schwimmend ... Müdigkeit umfangen:* Hans' Beziehung zum Wasser wird bereits am Anfang der Erzählung hervorgehoben (vgl. Anm. zu 12,32). Zunächst setzt seine Liebe zum Angeln und Schwimmen ein positives Gegengewicht zum Leistungsdruck der Schule, jedoch schwingt in seiner Hingabe hier bereits die Selbstaufgabe seines Todes als Andeutung mit.

Der Kontrast zwischen der Vergangenheit mit ihrer kindlichen Ungebundenheit und der Gegenwart mit ihren Zwängen und Forderungen wird hier ins Bild gefaßt. Dieser Kontrast zwischen der freien harmonischen Entfaltung des selbstbestimmten Menschen und der Verkehrung dieses Entwicklungsziels durch fehlgeleitete Erzieher und Institutionen durchzieht den gesamten Roman. Für Hans Giebenrath sind seine Kindheit einerseits und die Natur andererseits die Reservate, in die sich seine »beschädigte Seele« flüchtet.

26,28 *Emma:* Hier taucht zum ersten Mal das Mädchen Emma auf, das durch seinen Namen auf die lebenslustige Emma aus Heilbronn vorausweist. Die Kindheitserinnerungen, die zusammen mit den Gedanken an längst vergangene Gefühle wach werden, schwingen auch in seiner späteren Begegnung mit der Nichte des Schusters mit.

27,13 *Schnappsack:* Ranzen, Rucksack.
Oberamt: Verwaltungsbezirk.

27,15 *Equipage:* Kutsche.

27,16–19 *Hans wußte von ihnen nichts mehr ... gekommen wäre:* Die Szenen der Kindheit, aus der er gewaltsam herausgerissen wurde, tauchen als verklärte Erinnerungen noch einmal empor, gewinnen ihre Leuchtkraft jedoch, ebenso wie die Naturbilder, gerade aus ihrer Vergänglichkeit.

28,20 f. *Kommerzienrat:* bis 1919 verliehener Titel eines Großkaufmanns.

28,36 *Chrestomathie:* Auswahl vorbildlicher Prosatexte verschiedener Schriftsteller.

29,19 f. *Du hast das Landexamen als Zweiter bestanden:* Hermann Hesse selber erfuhr Ende Juli 1891, »daß er als 28. noch hineingeschlüpft sei« (Brief des Großvaters Hermann Gundert an seinen Sohn Hermann vom 27. Juli 1891 in: KuJ 1, S. 102).

29,29 *In die Schule brauchst du jetzt nicht mehr zu kommen:* So berichtet auch Hermann Gundert: »Hermann

Hesse kam noch am 20. Juli hier an, sein Rektor hatte die Leutlein vor der Vakanz entlassen, da es doch nicht mehr viel mit dem Lernen sei« (ebd.).

30,2 *Kontor:* Büro.

30,26 *Sackmesser:* Taschenmesser.

30,35 *Brühelbrücke:* Brücke über die Nagold in Calw.

Zweites Kapitel

32,2 *So müssen Sommerferien sein!:* Der Schilderung der Sommerferien, der erhofften, dann aber scheiternden Erholung des überforderten Jungen gilt ein eigenes Kapitel in dieser sieben Kapitel umfassenden Erzählung. Kapitel 1 und 2 bilden zusammen den ersten von drei Großabschnitten, die durch ein beherrschendes Thema gekennzeichnet und durch einen längerwährenden Ortswechsel deutlich voneinander abgehoben sind. Der erste Großabschnitt, der in Hans Giebenraths Heimatstadt spielt, entwickelt die Genese des unlösbaren Lebenskonflikts, an dem Giebenrath scheitert. Im ersten Kapitel wird die spießbürgerlich enge Umwelt des mutterlosen empfindsamen Jungen skizziert, im zweiten Kapitel leuchtet im Bild der Natur als einer heilenden Gegenkraft vorübergehend ein Ausweg aus der drohenden Krise auf. Um so bedrückender erscheint der erzwungene Verzicht Giebenraths und seine Unterwerfung unter die Leistungsanforderungen seiner Erzieher und seines eigenen Ehrgeizes.

32,2–34 *Über den Bergen ... Zikadenlieder:* eine der eindrucksvollsten Naturschilderungen Hesses in dieser Erzählung. Natur bedeutet nicht nur eine Kulisse für Hans' Entwicklung, sondern die Naturprozesse begleiten und spiegeln sein inneres Leben. Zugleich bietet die Natur dem seiner selbst entfremdeten Jugendlichen ein Refugium unentfremdeten Daseins. Der harmonische Naturraum wird so dem heillosen Gesellschaftsraum entgegengesetzt. Zugleich erscheint die Natur dem Jugendlichen auch als elementare Kraft, mit der er sich messen und in deren Bann er Lebenskraft und Lebensfreude wiedergewinnen kann. In diesem in sich stimmigen Naturbild überwiegt zunächst der optische Eindruck, insbesondere die Farbimpressionen, dann ergänzen Geräusche und Gerüche den Sinneseindruck des Lesers. Der Leser, der gleichsam mit den Augen des Erzählers sieht, erlebt die geschaute Natur in ihrer unmittelbaren sinnlichen Präsenz und teilt zugleich die subjektive Betroffenheit des Betrachters. Die Subjektivität der Wahrnehmung, die sich in der differenzierten Beschreibung kleiner und kleinster Details ausspricht, dient so nicht etwa der möglichst exakten Abbildung der Naturphänomene, sondern der Vermittlung einer subjektiv erlebten Natur.

Naturschilderungen, die in Hesses Werken in unterschiedlichen Funktionen begegnen, zielen in *Unterm Rad* einerseits auf die Einfühlung des Lesers ab und vermitteln andererseits sichtbare Bilder innerer Vorgänge.

32,7 *Rings um das Städtchen her:* Hesse schreibt in einem Geleitwort zu seinem Band *Gerbersau*, der die Erzählungen, die in und um Calw spielen, enthält: »Wenn ich als Dichter vom Wald oder vom Fluß, vom Wiesental, vom Kastanienschatten oder Tannenduft spreche, so ist es der Wald um Calw, ist es die Calwer Nagold, sind es die Tannenwälder und die Kastanien von Calw, die gemeint sind, und auch Marktplatz, Brücke und Kapelle, Bischofstraße und Ledergasse, Brühl und Hirsauer Wiesenweg sind überall in meinen Büchern, auch in denen, die nicht ausdrücklich sich schwäbisch geben, wiederzuerkennen, denn alle diese Bilder, und hundert andre, haben einst dem Knaben als Urbilder Hilfe geleistet; und nicht irgendeinem Begriff von ›Vaterland‹, sondern eben diesen Bildern bin ich zeitlebens treu und dankbar geblieben, sie haben mich und mein Weltbild formen helfen, und sie leuchten mir heute noch inniger und schöner als je in der Jugendzeit.« (Zit. nach: Zeller, S. 18.)

32,8 *Öhmdgeruch:* der Duft des beim zweiten Mähen geschnittenen Grases.

32,2 *geilten:* wucherten üppig.

32,10 *schierlingartigen Pflanzen:* Doldengewächsen.

32,15 *Weiderich:* krautartige Pflanze mit roten Blüten.

32,28 *Skabiosen:* krautige, korbblütlerähnliche Pflanze. Die hier beschriebenen Pflanzen erzeugen überwiegend den Eindruck wild wuchernder Üppigkeit. Diese Szenerie kontrastiert mit Giebenraths kargem, leistungsorientiertem Alltag.

32,34 *Zikadenlieder:* Zikade: grillenähnliches Insekt.

33,2 *Sensendengeln:* das Schärfen der Sensen.

33,24 f. *Gaulsgumpen:* Wasserloch, Tümpel, an dem die Pferde trinken.

34,21 *Kresser:* Kresse oder Kreßling: Fisch aus der Familie der Gründlinge.

35,34 *Hans hatte ein wenig Kopfweh:* Hans' Kopfschmerzen, schon früh in der Erzählung thematisiert (12,10; 16,26; 17,6; 20,16; 23,34), tauchen leitmotivisch auch hier auf und erinnern inmitten der gelösten Ferienstimmung an die Überforderung des Jungen.

36,22 *Rotgerberei:* Lohgerberei, in der mit gemahlener Baumrinde gegerbt wird.

37,1 *Rottanne:* Fichte.

37,24 *Vakanz:* Ferien.

37,27–30 *Wenn i's no au so hätt, ... han i's net:* Wenn ich es nur auch so hätte wie Schulzes Elisabeth, die liegt bei Tag im Bett, so habe ich es nicht.

38,1 *Mordio:* Hilfe! Mord!

39,18 f. *Bloß das eine wurmte ihn ... Erster geworden war:* Daß Hans nicht nur fremdbestimmt die ehrgeizigen Pläne seiner Erzieher erfüllt, sondern selber vom Ehrgeiz ergriffen ist, zeigt sich bereits in seiner veränderten Beziehung zum Schuster Flaig, den er, »selber ein wenig hochmütig geworden« (14,16) abschätzig belächelt. Auch den Mitschülern fühlt er sich überlegen (17,11 ff.), sich selber verlangt er höchste Leistungen ab (29,26 f.). Hier nun drängt sich der Gedanke an seine möglichen Leistungen selbst in die Unbeschwertheit seiner Ferienstimmung und öffnet so dem Drängen seiner Erzieher ein weiteres Einfallstor.

39,20 *Öhrn:* Ern: (oberd.) Hausflur.

39,31 *abgeschossenen:* verschossenen, ausgebleichten.

40,2 *Bengel:* Johann Albrecht B. (1687–1752), evangelischer Theologe, Schöpfer der neutestamentlichen Bibelkritik. Aus dem Geist des Pietismus entwarf er eine heilsgeschichtlich orientierte Bibeltheologie.

Oetinger: Friedrich Christoph Oe. (1702–82), evangelischer Theologe, beeinflußt von Jakob Böhme (1575 bis 1624) und J. A. Bengel, deren Gedanken er systematisch weiterentwickelte.

Steinhofer: Friedrich Christoph St. (1701–61), Dichter evangelischer Kirchenlieder und Verfasser religiöser Erbauungsschriften.

40,3 *welche Mörike im »Turmhahn« so schön besingt:* Eduard Mörike (1804–75), schwäbischer Dichter, der die Klosterschule in Urach und anschließend das Tübinger Stift besuchte. In seiner Idylle »Der alte Turmhahn« (1852) gleitet die Morgensonne durch die Pfarrstube, »Hinüber an den Bücherschrank, / Da stehn in Pergament und Leder / Vornan die frommen Schwabenväter: / Andreä, Bengel, Rieger zween, / Samt Ötinger sind da zu sehn.«

40,9 *Katechesen:* religiöse Unterweisungen.

40,11 *Mystik:* religiöse Versenkung, in der eine innige Verbindung mit dem Göttlichen gesucht wird. In Deutschland besonders durch Meister Eckhard (1260–1327) bedeutsam geworden.

40,12 f. *naive Herzenstheologie:* die pietistische, gefühlsbetonte Lehre von der tätigen Nächstenliebe.

40,16 *nach dem »historischen Christus« gefahndet:* vgl. Anm. zu 14,26.

40,19 f. *vor alters:* von jeher, schon immer.

40,23 *Es ist der alte, ungleiche Kampf:* Der auktoriale (allwissende) Erzähler dieses Romans beurteilt und kommentiert das Geschehen auf unterschiedliche Weise. Entweder wendet er sich ausdrücklich an den Leser, den er belehrt und für seine Weltsicht zu gewinnen sucht, oder er ist im Arrangement des Textes indirekt präsent, indem er etwa durch Gegensätze die Konflikte verdeutlicht, durch Andeutungen die Katastrophe vorbereitet oder durch ironische und sarkastische Darstellung seine Position unmißverständlich zum Ausdruck bringt.
Im Kommentar des Erzählers läßt sich beobachten, wie die weltanschauliche Folie des Romans entworfen wird: Oppositionen werden aufgebaut, bestätigt durch die Tradition (»Das war vor alters so wie heute«, 40,19 f.), überhöht durch den Rückgriff auf grundlegende Kategorien des Weltverhaltens (»Kritik und Schöpfung, Wissenschaft und Kunst«, 40,24 f.) und gleichsam unanfechtbar gemacht durch ihre Verankerung im humanistischen Weltbild des Autors: »das Leben ist stärker als der Tod, und der Glaube ist mächtiger als der Zweifel« (40,29 f.). Wenn diese weltanschauliche Grundlegung dann noch durch die Figuren selber bestärkt, durch ihre Worte beglaubigt und durch ihr Verhalten bestätigt wird, entsteht jenes geschlossene System der Normen und Werte, dem sich der Leser, der sich einmal auf den Text eingelassen hat, kaum entziehen kann. Der Aufbau einer gleichsam in sich abgeschlossenen Wertwelt, hier erst in Ansätzen sichtbar, läßt sich detailliert beobachten in Hesses späteren Romanen *Demian* und *Der Steppenwolf*.

41,3 *attisches Griechisch:* Der in Attika, besonders in Athen, seit dem 5.–4. Jh. v. Chr. gesprochene Dialekt setzte sich als griechische Hochsprache seit dem 3. Jh. v. Chr. durch.

41,4 *Idiom:* hier: Sprachform mit besonderen eigenen Merkmalen.

41,16 *rücken:* wenden.

42,2 f. *Und nun hatte er allmählich selber seinen Stolz darein gesetzt:* Noch einmal wird ganz kurz die Entstehung des Konflikts beleuchtet: von außen getrieben und angespornt hat Hans schließlich den Ehrgeiz seiner Erzieher verinnerlicht. Dieser knappe Rückblick wird an einem jener unauffälligen Wendepunkte im Roman eingeblendet, an denen Entscheidungen fallen, die zu Hans' Untergang beitragen: seine Entscheidung, die Lektionen beim Stadtpfarrer aufzunehmen, beraubt den Knaben der notwendigen Erholung und verstärkt indirekt den Leistungsdruck, dem er sich nicht entziehen kann.

42,14 *bolzgeraden:* bolzengerade: kerzengerade, ganz aufrecht.

42,19 *Schwarzbeersträucher:* Heidelbeersträucher.

42,29 *daß er so müde war:* Hans' Müdigkeit weist wie sein Kopfweh auf seine Überforderung hin und deutet zugleich seine Todesmüdigkeit voraus.

43,7 *Dreibein:* Schusterhocker mit drei Beinen.

44,26 f. *trat er als strenger brüderlicher Richter . . . auf:* Die Neigung der Pietisten, einander zu richten, beklagte Jung-Stilling in seiner Autobiographie als eine Unsitte, die die Tugenden der Religion verderbe: »Es ist zu beklagen, daß diese sonst wahrhaft gute Menschenklasse die große Lehre Jesu, den sie doch sonst so hoch verehren: Richtet nicht, so werdet ihr auch nicht gerichtet, so wenig beobachten« (Johann Heinrich Jung-Stilling, *Henrich Stillings Jugend, Jünglingsjahre, Wanderschaft und häusliches Leben*, Stuttgart 1968 [u. ö.]; Reclams Universal-Bibliothek, Nr. 662; S. 360).

44,28 f. *Erbauungsstunden:* Die pietistischen Gemeinden förderten die Predigttätigkeit der Laien.

46,17 *Pedanten:* von übertriebener Genauigkeit.

46,25–47,10 *Seine Pflicht . . . die sorgfältige Zucht der Kaserne krönend beendigt:* eine der zentralen ironischen Passagen dieser Erzählung. Hesse geißelt hier die menschenmißachtende Erziehung durch die Institutionen seiner Zeit. In harter Konfrontation werden das Recht des einzelnen Menschen auf ungestörte körperliche und geistig-seelische Entwicklung und die Zwänge einer irregeleiteten spießigen Erziehung einander gegenübergestellt.

47,2 *ein Urwald ohne Weg und Ordnung:* Der Vergleich des natürlichen Menschen mit einem Urwald läßt den Menschen als Teil der Natur erscheinen im Gegensatz zum verbildeten, zivilisationsgeschädigten, normierten Bürger. Das Bild des Waldes taucht in dieser Bedeutung wiederholt auf. So sucht der kranke Hans Giebenrath nach seiner Rückkehr aus Maulbronn seine Zuflucht im Wald und wählt sich dort eine »Sterbestätte« (112,18 ff.; 114,32). Die vereinfachende Gegenüberstellung des »natürlichen« Menschen vor seiner Prägung durch jegliche Zivilisation und des gedrillten Kasernenzöglings dient hier der Verschärfung der Kritik; in Hesses Werken findet sich dieser Gegensatz allerdings immer wieder als grundlegende Opposition. Indem der »natürliche«, unverbildete Mensch und der zivilisationsgeschädigte Bürger einander in einer klaren Opposition der Werte konfrontiert werden, wird die polare Weltsicht verfestigt und die bewußte Simplifizierung überspielt.

47,9 *die sorgfältige Zucht der Kaserne:* Die militärische oder paramilitärische Erziehung der Jugendlichen bildet in der Wilhelminischen Zeit ein häufiges Thema der Kritik: vgl. die Internatserziehung in Musils *Törleß*.

47,11 *Wie schön hatte sich der kleine Giebenrath entwikkelt!:* An diesem ironischen Kommentar des Erzählers wird sichtbar, wie souverän der auktoriale Erzähler in diesem Roman in verschiedene Rollen schlüpfen und aus wechselnden Perspektiven urteilen kann: während dieser Kommentar ganz aus der Sicht des Rektors gesprochen ist, nimmt der Erzähler z. B. gegen Ende der Erzählung, als Joseph Giebenrath erst verärgert, dann immer wütender auf seinen Sohn wartet, die Perspektive des Vaters ein; am häufigsten wird das Geschehen aus Hans Giebenraths Sicht geschildert, jedoch wird dessen Perspektive immer wieder durch ergänzende und kontrastierende Ansichten relativiert. Lediglich die auktorialen Erzählerkommentare, die durch keine Rollenverkleidung relativiert werden, beanspruchen uneingeschränkte Geltung.

48,23 f. *Ohne das kommt man leicht aus dem Geleise:* Diese Warnung des Rektors deutet bereits die Warnung des Ephorus in Maulbronn voraus, der Hans mit den Worten anspornt: »Nur nicht matt werden, sonst kommt man unters Rad« (93,1 f.).

48,29 *Homer:* H. (8. Jh. v. Chr.), griechischer Dichter der Antike, der als Verfasser der Versepen *Ilias* und *Odyssee* gilt.

48,31 f. *der alte ionische Dialekt:* Homer stammte aus dem ionischen Kleinasien, wahrscheinlich aus Smyrna.

48,32 *Prosodie:* in der antiken Metrik die Lehre von der Tonhöhe und der Quantität der Silben.

52,9 *despektierlich:* abfällig.

52,11 f. *lieber zehnmal am Leibe verderben als Schaden nehmen an seiner Seele!:* Der bibelfeste Schuster zitiert ein Wort Jesu aus dem Matthäusevangelium »Was hülfe es dem Menschen so er die ganze Welt gewönne und nähme doch Schaden an seiner Seele?« (Mt. 16,26.) Ebenso Mk. 8,36 und Lk. 9,25.

Drittes Kapitel

53,2 f. *Im Nordwesten des Landes liegt . . . Maulbronn:* Mit einem Ortswechsel eröffnet das dritte Kapitel den zweiten Großabschnitt der Erzählung. Er umfaßt die Kapitel 3 und 4 und schildert Hans Giebenraths Prozeß der Selbstentfremdung, gespiegelt in unterschiedlichen Erlebnissen und Begegnungen.

53,3 *das große Zisterzienserkloster Maulbronn:* Die Zisterzienser, ein Mönchsorden des 11. Jhs., gründeten 1147 in Maulbronn eine Abtei, die 1557 in eine evangelische

Klosterschule umgewandelt wurde. Die protestantischen Klosterschulen waren seit dem 16. Jahrhundert in Württemberg die wichtigsten Träger einer humanistisch-protestantischen Bildung. Nicht nur künftige Theologen, sondern auch angehende Gelehrte, höhere Beamte, Lehrer und Professoren wurden hier gemeinsam erzogen. Die Verbindung von mittelalterlicher Zisterzienserkultur, klassischer Bildung und schwäbischem Protestantismus machte das besondere geistige Profil Maulbronns aus. Neben Maulbronn waren Urach, Blaubeuren und Schöntal die berühmtesten evangelischen Klosterschulen.

53,5 *wären ein verlockender Wohnsitz:* Bereits in der einleitenden Schilderung Maulbronns macht sich der Vorbehalt gegen die der Harmonie der Bauten und der Landschaft widersprechende Erziehung geltend, der hier in der Konjunktivform spürbar wird.

53,13 f. *mit einer spätromanischen Vorhalle, Paradies genannt:* vgl. Abb. S. 28.

53,19 *Herrenrefektorium:* Speisesaal der Mönche.

53,20 *Oratorium:* Raum für Gebete, nicht für den öffentlichen Gottesdienst bestimmt.
Parlatorium: Raum für Gespräche für die ansonsten zur Schweigsamkeit verpflichteten Mönche.
Laienrefektorium: Speisesaal für die Laienbrüder.

53,31–54,5 *Auf diesem Platz ... die empfänglichen jungen Gemüter umgebe:* Der idyllischen Schilderung des Klosters folgt hier der Entwurf eines Idealbildes gelungener Erziehung, das der folgenden sarkastischen Anklage als Kontrastfolie dient.

54,5 *Zugleich sind dort die jungen Leute ...:* Hier setzt zunächst vorsichtig, im folgenden Satz aber bereits massiv die von bitterem Hohn erfüllte Entlarvung ein, die die Mißstände der Erziehung anprangert.

54,17–22 *an welchem sie später jederzeit erkannt werden können ... sein Leben lang als solchen erkennen:* In seiner Novelle *Im Presselschen Gartenhaus* (1914) läßt

Kloster Maulbronn: das sog. Paradies
(Vgl. Anm. zu 53,13 f.)

Hesse jene Prägung, die durch die feste Bindung an die humanistische Tradition, die Abwehr jeglicher Fremdeinflüsse und die rigorose Autorität der Erzieher entstand, in drei ehemaligen »Stiftlern«, einstigen Zöglingen evangelischer Klosterschulen und des Tübinger Stifts, Hölderlin, Mörike und Waiblinger, Gestalt gewinnen. In einem hitzigen Streitgespräch mit Mörike ruft Waiblinger aus: »Es ist nur gut, daß ich den Hölderlin habe. Ich glaube, dem haben sie auch seinerzeit im Tübinger Stift das Rückgrat gebrochen« (GW 2, S. 865).

54,19 *Brandmarkung:* Die »Brandmarke« war ursprünglich ein Zeichen, das Gefangenen und Verbrechern eingebrannt wurde; noch heute *brandmarken* ›anprangern, öffentlich bloßstellen‹.

54,30 *Dormenten:* Dorment: Schlafsaal oder Schlaftrakt des Klosters.

54,32 *Siebensachen:* Habseligkeiten.

55,10 *Erdölkanne:* Gemeint ist hier eine Kanne mit dem Lampenbrennstoff Petroleum.

55,30 *Röcke:* hier: Jacken.

56,33 *Also nicht wahr, du wirst deiner Familie Ehre machen?:* Die schon zuvor als »Blütenlese« apostrophierten Phrasen des Vaters unterstreichen seine Hilflosigkeit in dieser ihm fremden Umgebung.

57,22 *Albsöhne:* Jungen von der Schwäbischen Alb, dem Mittelgebirge, das die Wasserscheide zwischen Rhein und Donau bildet.

57,35 *Nürnberger Trichter:* nach Georg Philipp Harsdörffers (1607–58) *Poetischem Trichter*, einem in Nürnberg erschienenen Lehrbuch der Dicht- und Reimkunst, scherzhaft genanntes Verfahren, das auch dem Dümmsten noch etwas beibringt, »eintrichtert«.

58,6–11 *Denn Schwaben versorgt sich und die Welt nicht allein mit wohlerzogenen Theologen ... entstammt sind:* Hesse beschäftigte sich besonders mit dem schwäbischen Mystiker Jakob Böhme und den Theologen Bengel und Oetinger (vgl. Anm. zu 40,2). Zu denken ist hier auch an die Philosophen Georg Wilhelm Friedrich Hegel (1770 bis 1831) und Friedrich Wilhelm Joseph Schelling (1775 bis 1854), sowie an den Schriftsteller und Philosophen Friedrich Theodor Vischer (1807–87).

58,17 *Reimer und Dichter:* Zu denken ist hier etwa an Ludwig Uhland (1787–1862), Justinus Kerner (1786–1862), Gustav Schwab (1792–1850), Wilhelm Hauff (1802–27) und Eduard Mörike (1804–75).

58,24 *Forum:* Forum Romanum: Mittelpunkt des geschäftlichen und politischen Lebens in Rom, der Volksversammlungen und der Rechtsprechung.

Hellas: bei Homer Landschaft im südöstlichen Thessalien; seit 1833 der Name des neugriechischen Staates. Hesse selber bewohnte in Maulbronn mit zwölf weiteren Seminaristen die Stube Hellas (vgl. KuJ 1, S. 109).
Akropolis: antike Burg- und Tempelanlage in Athen.

58,29 *in Wahrheit hätten hebräische Namen besser gepaßt:* Da die Schüler auf das Studium der Theologie vorbereitet wurden, wären Namen des in hebräischer Sprache geschriebenen Alten Testaments geeigneter gewesen.

58,30 f. *daß die Stube Athen nicht etwa . . . die beredtesten Leute:* Gedacht ist hier an die im Altertum berühmten Redner und Politiker Athens wie Demosthenes und Perikles.

58,33 *daß auf Sparta nicht Kriegsmänner und Asketen:* Sparta war seit dem 7. Jh. v. Chr. bekannt für seine in strenger Askese und harter Zucht erzogenen Knaben, die zu Kriegern gebildet wurden.

58,34 *Hospitanten:* Schüler der Klosterschule.

59,29 *Fialen:* Türmchen über Strebepfeilern.

59,33 f. *in der großen, edlen Schale des Kreuzgangbrunnens:* Der berühmte Brunnen im gotischen Kreuzgang des Klosters Maulbronn baut sich aus drei übereinander gestaffelten Brunnenschalen auf (vgl. Abb. S. 31).

60,4 *Ephorus:* Leiter eines evangelischen (Prediger-)Seminars oder Wohnheims.

61,6 f. *Otto Hartner:* Anklang an Otto Hartmann, Hesses Stubenkamerad in Maulbronn, in späterer Zeit sein Freund.

61,11 *Karl Hamel:* Anklang an Karl Hammelehle, der wie Hesse zur Stube Hellas gehörte.
Dorfschulzen: Dorfbürgermeisters.

61,14 *Phlegma:* Trägheit, Schwerfälligkeit.

61,19 *Hermann Heilner:* Hans Giebenraths späterer Freund und Alter ego (zweites Ich) teilt den Vornamen und die Initialen mit dem Autor Hermann Hesse. Auch in anderen Romanen verwendete Hesse gern seinen eige-

Kloster Maulbronn: Brunnen im Kreuzgang
(Vgl. Anm. zu 59,33 f.)

nen Vornamen, so in *Hermann Lauscher*, im *Steppenwolf* (»Hermine« und in der anglisierten Form »Harry«), in der *Morgenlandfahrt* (»H. H.«). Wiederholt hat Hesse auch in seinen Werken einen selber durchlebten Konflikt in zwei einander zugeordneten Gestalten entworfen und objektiviert. Heilner, dessen Name schon positive Assoziationen (»heil«, »heilen«) weckt, ist als Gegenbild zu Hans Giebenrath konzipiert. Ähnliche polare Konstellationen finden sich u. a. in Hesses Romanen *Demian* (Max Demian und Emil Sinclair), *Narziß und Goldmund*, *Der Steppenwolf* (Harry Haller und Hermine).

61,21 f. *er habe seinen Aufsatz im Landexamen in Hexametern abgefaßt:* Hesses Großvater Hermann Gundert schreibt an seinen Sohn Hermann am 20. Juli 1891 über das Landexamen des Enkels: »dagegen hieß es, den Aufsatz habe er gleich auch in Verse verwandelt (ohne doch diese Version einzureichen).« (KuJ 1, S. 102.)

61,22 *Hexametern:* klassisches griechisches Versmaß mit sechs Versfüßen.

62,8 *Finessen:* Kniffe, Tricks.

62,26 *Wecken:* Brötchen, Semmel.

63,18 *rentabel:* lohnend, gewinnbringend, einträglich.

63,31 *Musiklehrer Haas:* Auch Hesse erhielt vorübergehend Geigenunterricht in Maulbronn, verstand sich jedoch schlecht mit seinem Musiklehrer Haasis und gab deshalb den Unterricht sehr bald auf.

65,24 f. *Antipathien:* Abneigungen, Gegenteil von Sympathien.

66,10–12 *Ihm war in seinen strengen, mutterlosen Knabenjahren ... verkümmert:* Der frühe Verlust der Mutter hat den sensiblen Jungen des seelischen Schutzes beraubt, den er zur Entfaltung seiner Persönlichkeit gebraucht hätte. Der verständnislose Vater und die ehrgeizigen Erzieher können ihm jene emotionale Unterstützung nicht bieten, die er in den schwierigen Jahren der Pubertät nötig hätte. So erlebt er die Pubertät nicht als allmählichen Abschied von der Kindheit und langsames Hineinwachsen in die Erwachsenenwelt, sondern als gewaltsame Vertreibung aus der Kindheit.

66,30 *Kehraus:* der letzte Tanz am Ende eines Festes.

66,32 f. *kongenialen:* von gleicher Begabung, geistig ebenbürtigen.

66,35 *Waldsee:* Haurker Waldsee bei Maulbronn. Hesse schrieb am 4. Oktober 1891 an seine Eltern: »Mein Lieblingsplatz ist am ›Haurker See‹. Denkt Euch einen alten, schönen Buchenwald und mitten zwischen den uralten Bäumen ein reizender schilfumkränzter Waldsee mit niedrigen, üppig bewachsenen Ufern« (KuJ 1, S. 116 f.).

67,3 *Schilflieder Lenaus:* Nikolaus Lenau (d. i. Nikolaus Franz Niembsch Edler von Strehlenau, 1802–50), österreichischer Dichter, dessen Gedichtzyklus »Schilflieder« von Weltschmerz erfüllt ist.

68,17 *Auf dem Rhein:* Heilner scheint hier weniger von einem tatsächlichen Erlebnis zu erzählen als ein in der romantischen Poesie beliebtes Motiv zu variieren. Dieses Motiv der Rheinfahrt charakterisiert den angehenden »Dichter« als Epigonen. So nennt denn auch Hans ihn kurz darauf bei sich einen »Schwärmer«.

68,36–69,14 *Da lesen wir Homer ... Schwindel:* In Hermann Heilner, dem »Dichter« und »Schöngeist«, karikiert Hesse zwar einerseits die schwärmerisch romantische Poesie, andererseits bewahrt sich aber gerade Heilner seine Unabhängigkeit gegenüber den Autoritäten. Seine Verhöhnung der Homerlektüre liest sich wie eine Karikatur des klassischen Bildungserlebnisses.

69,27 *Refektorien:* Refektorium: Speisesaal des Klosters.

72,1–3 *Dann fühlte Hans plötzlich ... Mund berühren:* die leicht homoerotischen Züge, hier eingebettet in eine Pubertätsgeschichte, finden sich wiederholt in Hesses Werken, so z. B. in *Demian*, in *Narziß und Goldmund*, im *Steppenwolf*, im *Glasperlenspiel*. Auch fällt es auf, daß tragfähige Freundschaften und dauerhafte menschliche

Bindungen bei Hesse nur zwischen Männern entstehen, so in *Siddhartha*, in *Narziß und Goldmund* und im *Glasperlenspiel*. Die Literatur der Schul- und Pubertätsgeschichten spricht im übrigen allenthalben von homoerotischen Neigungen der jugendlichen Internatszöglinge; als berühmtestes Beispiel kann wohl Robert Musils Pubertätsroman *Die Verwirrungen des Zöglings Törleß* gelten.

73,22 f. *Die seltsame, uralte Sprache Jehovas:* das Hebräische ist die Sprache des Alten Testaments, in dem Gott (Jehova) zu den Menschen »spricht«.

73,35 f. *Pentateuch:* die ersten fünf Bücher des Alten Testaments, die Bücher Mosis.

74,14 *hieneben:* neben diesem.

74,15 *Livius:* Titus L. (59 v. Chr. – 17 n. Chr.), römischer Geschichtsschreiber, der mit seiner anschaulichen Darstellungsweise und seinem engagierten Eintreten für die Erneuerung der Gesellschaft das Bild der römischen Geschichte bis ins 19. Jh. hinein geprägt hat.

74,22 *Sphinx:* in der griechischen Mythologie ein Ungeheuer mit Löwenleib und Frauenkopf, das jeden tötete, der seine Rätsel nicht lösen konnte.

75,1 *Taglöhnerei:* Ein Arbeitsverhältnis, in dem der Lohn täglich ausbezahlt wird, das aber auch täglich gelöst werden kann. Gemeint ist hier: eine abhängige, fremdbestimmte Arbeit.

75,20 *Kleinodien:* kostbare Schmuckstücke. Der Kontext läßt hier an die erlesenen Goldschmiedearbeiten denken, die zur Ausschmückung von Kirchen und zum sakralen Gebrauch geschaffen wurden.

75,20–22 *er empfand diese Kühnheiten ... Heldentaten:* Die Spannung zwischen Bewunderung und Furcht prägt auch Emil Sinclairs Freundschaft mit Max Demian. Wie Hans Giebenrath empfindet Emil Sinclair Demians Reden und Verhalten als Gotteslästerung auf der einen und mutige, wenngleich anrüchige Akte der Selbstbehauptung auf der anderen Seite. Die religiöse Akzentuierung, die ihm seine Bücher als Heiligtümer und Kleinodien erscheinen läßt und Heilners Schmierereien als Tempelschändungen, macht sichtbar, daß sein Empfinden zwar nicht auf einem ausgeprägt christlichen, aber auf einem religiösen Fundament ruht. Jedoch erscheint in dieser Erzählung wie auch in Hesses späterem Roman *Demian*, der die Konflikte der Pubertät expliziter als weltanschauliche und existentielle Krise gestaltet, die religiöse Fundierung eher als Einkleidung denn als Maxime.

76,10 f. *Heine-lesenden:* Heinrich H. (1797–1856), deutscher Dichter, der in seinem *Buch der Lieder* mit oft nicht bemerkter ironischer Brechung romantisch-sentimentale Klagegedichte eines vergeblich Liebenden schrieb.

76,18 *Flore:* Plural zu *Flor* ›Schleier‹.

76,20 *ossianischen Stimmungen:* Die in ganz Europa begeistert aufgenommenen Dichtungen des Schotten James Macpherson (1736–96), die er als Übersetzungen von Liedern Ossians, eines gälischen Barden aus dem 3. Jh., ausgegeben hatte, zeichneten sich durch düstere, schwermütige Naturstimmungen, gefühlvolle rhythmische Prosa und Heldenverehrung aus.

77,8 f. *auf geflügelten Sohlen wie ein homerischer Himmelsbote:* Der griechische Götterbote Hermes wurde mit Flügelschuhen dargestellt.

77,11–13 *die trügerische Gewalt schönfließender Worte ... Reime:* Die kritische Beschreibung der poetischen Wirkung impliziert hier möglicherweise Hesses Skepsis seinen eigenen neuromantischen dichterischen Anfängen gegenüber.

78,21 *Karzerstrafe:* früher Haftstrafe an Schulen und Universitäten (lat. *carcer* ›Kerker, Gefängnis‹).

78,27 *Promotion:* alle Schüler eines Jahrganges der Klosterschule.

79,35 f. *Lieder eines Mönches:* Anspielung auf Gedichtsammlungen wie Heines *Buch der Lieder*, Rilkes *Leben und Lieder* oder Lenaus »Schilflieder«.

80,20 *Deklamationen:* hier: ausdrucksvoll vorgetragene Dichtungen.

80,31 *Kammervirtuos:* Früher vom Fürsten, später von einer Behörde verliehener Titel für einen hervorragenden Musiker; hier ironische Verwendung in Anspielung auf Lucius' Übungen in der abgelegenen Musikstube.

80,33 *Repetenten:* Repetent: jemand, der mit den Schülern vor einer Prüfung den Lehrstoff wiederholt und einübt.

81,15 f. *Per aspera ad astra:* Über rauhe Pfade zu den Sternen.

Viertes Kapitel

83,2–4 *Erfahrungsgemäß pflegen sich ... zu verlieren:* Während das erste Maulbronner Kapitel (Kap. 3) mit einer zunächst optimistischen Schilderung des eindrucksvollen Klosters beginnt, ist das zweite Maulbronner Kapitel (Kap. 4) von Anfang an auf Verlust gestimmt. Tatsächlich werden in diesem Kapitel die Weichen für Hans' schulisches Versagen gestellt, seine Entfernung aus dem Seminar ist danach nur noch eine Frage der Zeit.

83,12–84,1 *Auch der Promotion Hans Giebenraths ... in die dunkle Kühle hinunter:* Eine erste Vorausdeutung auf Hans Giebenraths Untergang. In Hindingers Tod ist Giebenraths Tod gleichsam vorgebildet.

83,16 *Hindinger:* Hesse hatte in Maulbronn einen Stubennachbarn mit Namen August Hinderer, später Pfarrer in Stuttgart.

83,17 *Diaspora:* hier die kirchliche Minderheit der Protestanten inmitten der überwiegend katholischen Bevölkerung des Allgäus.

86,20 *Bratenrock:* Gehrock, ein knielanges, dunkles Herrenjackett.

86,23 *Kreuzerlichtlein:* eine Kerze, die nur einen Kreuzer, also sehr wenig Geld, gekostet hat.

88,4 *Bewußtsein seiner Schuld gegen Heilner:* Ein emotional stark empfundenes Schuldbewußtsein ist in Hesses Werken des öfteren der Auslöser für eine entscheidende Wendung im Leben des Helden: so beginnt etwa in *Demian* Emil Sinclairs Aufbruch, sein Versuch, sich selber zu finden, mit der »Versündigung« gegen das Elternhaus und der Erkenntnis seiner Schuld. Dieser Zusammenhang von Selbsterforschung, Sündenbewußtsein und Selbstanklage war für Hesse in der pietistischen Tradition seines Elternhauses fest verwurzelt.

88,25 *Juvenal:* Decimus Junius Juvenalis (um 60 – nach 127), römischer Redner und Satirendichter.

89,31–35 *Beide frühreifen Knaben kosteten in ihrer Freundschaft ... Kameraden:* Der Freundschaftsbund zwischen Knaben oder Männern war eine im 19. Jh. schwärmerisch gepflegte Umgangsform.

90,13–31 *An Heilner war ihnen ... das kann man nicht untersuchen:* Hier wird die Satire auf die Philister und Biedermänner fortgesetzt, die bereits die Erzählung eröffnete und in der Beschreibung Maulbronns weitergeführt wurde.

90,22 *Diarium:* Buch der täglichen Aufzeichnungen über das Schulgeschehen.

91,1 *Nimbus:* Heiligenschein, Glanz.

91,3–12 *Und so wiederholt sich ... und gehen unter:* Hier sind Hans Giebenraths und Heilners Lebenswege vorgezeichnet: der Aufrührer behauptet seine Selbständigkeit und flieht aus Maulbronn, der Stille und Sensible geht unter.

91,20 *Doktor Faust:* Faust, ein Kenner magischer Künste (um 1480 – um 1536), dessen Biographie schon zu Lebzeiten mit alten Zaubergeschichten in Verbindung gebracht und zur Sage ausgestaltet wurde. Die erste schriftliche Fixierung erschien 1587 (*Historia von D. Johann Fausten*), zahlreiche literarische Bearbeitungen des Faust-Stoffes folgten (z. B. von Marlowe, Lessing, Goethe, Lenau, Thomas Mann).

92,18 *differendum est inter et inter:* der Unterschied liegt zwischen beiden, das bedeutet: zwei Dinge, die gleich aussehen, müssen noch lange nicht dasselbe bedeuten.

93,1 f. *Nur nicht matt werden ... unters Rad:* vgl. Anm. zum Titel. Der Ephorus warnt hier vor dem Scheitern eines leistungsschwachen Schülers, der sich den Anforderungen und Normen der Klosterschule entzieht. In Wirklichkeit tragen aber gerade die Erziehungsgrundsätze Maulbronns zum Scheitern Giebenraths bei.

94,15 *in der Geschichte hörten ... die Helden auf, Namen und Zahlen zu sein:* Ähnliche Erfahrungen macht Musils Törleß im Umgang mit den »Dingen«, die in jenem »Wechsel in der innerlichen Perspektive« plötzlich ein eigenes, zweites Leben gewinnen (*Sämtliche Erzählungen*, Reinbek bei Hamburg 1981, S. 105).

96,12–30 *Je weniger er mit seinen Leistungen ... den Stubenkameraden:* Hatte Hans sich zunächst durch seinen Ehrgeiz abgesondert, so treibt ihn nun seine gekränkte Eigenliebe in die Isolation. Da er sich aber auch in wichtigen Erfahrungen dem Freunde nicht anvertraut, ist er bald völlig auf sich allein gestellt.

97,2 f. *samt den Noten der Calwerbibel:* Der Calwer Verlagsverein gab 1849 ein *Handbuch der Bibelerklärung für Schule und Haus* heraus. In den 30er Jahren des 19. Jh.s hatte der pietistische Pfarrer Christian Gottlob Barth einen Missionsverein zur Unterstützung der Basler Mission gegründet, der Volksschriften zur Bibelerklärung herausgab. Diesem Bildungsgedanken sollte auch das *Handbuch der Bibelerklärung* dienen. Unter der Herausgeberschaft des Nachfolgers Hermann Gundert, Hesses Großvater, wurde das Handbuch in der 5. Auflage 1878 umgearbeitet. Erkenntnisse der Quellentheorien der theologischen Forschung fanden Eingang in den Bibelkommentar, was unter der pietistischen Klientel zu heftigen Reaktionen führte. (Diesen Hinweis verdanke ich Herrn Detlef Hellweg vom Calwer Verlag in Stuttgart.)

97,18 *Allotria:* Unfug, Dummheiten.

97,20 *Dunstan:* Der heilige D. (um 909–988), Erzbischof von Canterbury, erlangte als Ratgeber König Edgars großen Einfluß auf die englische Politik. Einfluß auf das Internatsleben nimmt der Schüler Dunstan hier durch seine Spottverse. So wird denn auch die Internatsgemeinschaft ironisch als kleines »Staatswesen« (97,29) bezeichnet.

97,24 *Epigramme:* Kurze, oft in Distichen (vgl. Anm. zu 97,26) abgefaßte Spott- oder Sinngedichte.

97,26 *Distichen:* Distichon: Verspaar aus einem Hexameter (sechshebiger Vers) und einem Pentameter (fünfhebiger Vers) bestehend.

97,31 *wie ein Bienenvolk:* Der Vergleich eines Staatswesens, als das hier die Internatsgemeinschaft bezeichnet wird, mit einem Bienenvolk geht auf die satirische *Fabel von den Bienen* des englischen Arztes und Philosophen Bernard de Mandeville (1670–1733) zurück.

97,34 *Xenien:* von griech. *xenion* ›Gastgeschenk‹; im Rückgriff auf Martials (1. Jh. n. Chr.) harmlose Begleitverse zu Gastgeschenken wählten Goethe und Schiller die Bezeichnung als satirischen Titel für ihre polemischen Distichen im *Musenalmanach auf das Jahr 1797*, die sich mit der zeitgenössischen Literatur auseinandersetzten.

98,14 *Buch Josua:* eines der »Geschichtsbücher« des Alten Testaments.

98,20 *der famose Aretiner:* Gemeint ist Pietro Aretino (1492–1556), ein italienischer Schriftsteller, der in Venedig wegen seiner Schmähschriften gefürchtet war.

100,4 f. *Reißwinkel:* Reißdreieck, das zum Ziehen gerader Linien auf Tafel oder Reißbrett dient (von *reißen* ›zeichnen‹).

100,32 *Das sind kleine Nervengeschichten:* Auch Hermann Hesse wurde vor den Frühjahrsferien auf Anraten des Arztes vorzeitig nach Hause geschickt. Marie Hesse schreibt am 21. März 1892 in ihr Tagebuch: »Schon am 23. März kam Hermann – acht Tage vor der Vakanz – wegen Kopfweh und Schlaflosigkeit vom Arzt heimgeschickt.« (KuJ 1, S. 196.)

101,6 *Es war Frühlingsbeginn:* Die Jahreszeiten spielen in dieser Erzählung eine wichtige Rolle, sie stehen in enger Beziehung zu Hans Giebenraths innerer Entwicklung. Die unterschiedliche Wahrnehmung der Jahreszeiten markiert Hans' jeweilige Lage: in der drückenden Hitze des Sommers findet das Landexamen statt; seine letzten sorgenfreien Ferientage verbringt Hans in der strahlend klaren Wärme des Hochsommers; im Herbst tritt er in die Klosterschule ein und läßt die Melancholie der absterbenden Natur auf sich wirken. Im Frühling bedrängt den Heranwachsenden das Erwachen unbekannter innerer Regungen.

101,14 *Er hatte die zurückkehrenden Vögel beobachtet:* Hesse selber war ein aufmerksamer, wissenschaftlich interessierter Beobachter der Natur. Neben seiner Dichtung zeugen davon auch seine Malerei, aber auch sein Umgang mit den Anhängern des Vegetabilismus auf dem Monte Verità bei Ascona (Frühjahr 1907), seine praktische Arbeit in Garten und Weinberg und nicht zuletzt seine kleinen Schriften zur Natur wie seine Betrachtung »Über Schmetterlinge« (1936).

102,5–21 *Häufig aber kamen jene Momente körperhafter Anschauung ... um ganze lange Jahre zurück:* In sehr ähnlicher Weise erlebt der junge Törleß in Robert Musils Schul- und Pubertätsroman *Die Verwirrungen des Zöglings Törleß* (1906) das Aufbrechen einer zweiten Wirklichkeit hinter den Erscheinungen: ausgehend von einer optischen Wahrnehmung stellt sich eine bislang unbekannte Qualität des nahen Erlebens ein, die in Körperempfindungen übergeht. »Bilderdurchzucktes Schweigen« nennt Musil dieses Erleben gesteigerter Sensibilität (*Sämtliche Erzählungen*, Reinbek bei Hamburg 1981, S. 63). Auch für Törleß bauen so Erinnerungen und Tagträume die Gegenwelt auf.

106,18 *Geniereise:* Nachdem Hesse selber aus Maulbronn entwichen war (vgl. S. 58f.), kommentierte sein Großvater Hermann Gundert seine Auflehnung mit den scherzhaft gütigen Worten: »So, du bist's, Hermann? Ich habe gehört, du habest neulich ein Geniereisle gemacht« (GW 10, S. 309).

106,19 *Femegericht:* heimliches Gericht, zu dessen Sitzungen nur Eingeweihte Zutritt hatten.

106,20 *Lehrerkonvent:* Versammlung der Lehrer.

107,10 f. *es ist, wenn nicht ein Held, so doch ein Mann aus ihm geworden:* Hermann Heilner demonstriert die gelungene Konfliktlösung, die Hans Giebenrath versagt bleibt. Er fühlt sich als Außenseiter den Erwartungen seiner Umwelt nicht verpflichtet und entzieht sich dem Konformitätsdruck. Seine Ich-Stärke und seine produktive Phantasie ermöglichen ihm so die Selbstbefreiung.

107,19 *wie der Pharisäer den Zöllner:* Die Zöllner galten den Juden wegen ihrer Geldgeschäfte als unrein wie die Aussätzigen; die gesetzestreuen Pharisäer pflegten mit ihnen keinen Umgang. Jesus erregte wiederholt ihren Unwillen durch seine Gemeinschaft mit den Zöllnern (vgl. Lk. 19,1–10).

107,20 f. *er gehörte zu den Aussätzigen:* Aussatz, Lepra, eine in der Bibel oft erwähnte Infektionskrankheit, galt schon im Altertum als »Geißel der Menschheit«. Die Kranken wurden aus Familie und Dorfgemeinschaft »ausgesetzt« (daher: »Aussatz«) und lebten isoliert oder in Gemeinschaft mit anderen Aussätzigen.

Fünftes Kapitel

108,15 f. *Repetent Wiedrich:* Anspielung auf Hesses Repetent Gottlob Wüterich, der 1891 Nachfolger des Repetenten Traub wurde und den Hesse sehr schätzte (vgl. KuJ 1, S. 131).

108,25 *indigniert:* entrüstet, peinlich berührt.

109,12 *im Ertrinken angstvoll und verzweifelnd um sich blicken:* Die Hinweise auf Hans Giebenraths Untergang verdichten sich; das Ertrinken der Seele deutet seinen Tod voraus.

109,25–110,17 *Gegen Sommersanfang ... nach Hause:* Ein Ortswechsel – von Maulbronn zurück in die Heimat – und ein Wechsel der Jahreszeit – vom Frühjahr zum Sommer – markiert mit dem fünften Kapitel, das den dritten Großabschnitt eröffnet, eine Zäsur im Erzählverlauf. In den Kapiteln 5 und 6 verschärft sich Giebenraths Lebenskrise durch die Verwirrungen der Pubertät, die Lösung aus vertrauten Bindungen und das Erwachen der ersten Liebe.

110,12 *Veitstanz:* Nervenkrankheit mit unwillkürlichen Muskelzuckungen. Die Kranken wurden früher von ihrer Umwelt mit besonderem Argwohn betrachtet, weil man glaubte, sie seien von bösen Geistern besessen.

111,24 *bekam er heftiges Kopfweh:* Das durchgängige Motiv des Kopfwehs verdichtet sich zunehmend und zeigt Giebenraths ausweglose Situation an.

112,18 *Bei gutem Wetter lag er stundenlang im Walde:* vgl. Anm. zu 114,32.

112,27–36 *Er sah seinen Freund ... wehmütig daneben:* Das Todesmotiv wird weiter variiert; indem statt des Mitschülers Hindinger nun der nahe Freund Hermann Heilner auf der Totenbahre liegt, rückt der Tod näher.

113,12 εὐϑὺς ἐπιγνόντες αὐτὸν περιέδραμον: Als sie ihn erkannten, liefen sie sogleich herbei (herum). Im Markusevangelium (6,54–55) heißt es im Anschluß an die Geschichte, in der Jesus auf dem Wasser wandelnd den Jüngern in Seenot beisteht: »Und da sie aus dem Schiffe traten, alsbald kannten sie ihn und liefen in alle die umliegenden Länder und hoben an, die Kranken umherzuführen auf Betten, wo sie hörten, daß er war.«

113,13 *Konjugationsform:* Beugung des Verbs nach Person, Zeit und Aktionsart.

113,15 *Dual:* hier: Verbform, die zwei Handelnde zusammenfaßt.

114,27 f. *sich etwa eine Schußwaffe zu verschaffen:* Als Vierzehnjähriger wollte Hesse Selbstmord begehen, nachdem er sich von geliehenem Geld einen Revolver gekauft hatte (vgl. KuJ 1, S. 220).

114,32 *den er endgültig zu seiner Sterbestätte bestimmte:* Der Wald als Ort des unentfremdeten Daseins erscheint – ähnlich wie das Wasser – einerseits als Zuflucht, andererseits als Raum, in dem der im Leben Scheiternde im Tod mit der Natur eins wird. Karl-Heinz Rossbacher kommentiert ein solches Erzählverfahren kritisch: »Die Landschaft und das in sie verlegte Sozialmodell ergeben einen Raum für Regression, in dem sich der auf seinem Bildungsweg Gescheiterte, mit seiner von (großstädtischer) Gesellschaft verletzten Seele, verschanzen kann.« (Karl-Heinz Rossbacher, *Heimatkunstbewegung und Heimatroman. Zu einer Literatursoziologie der Jahrhundertwende*, Stuttgart 1975, S. 129.)

115,21 *wie er aus dem Kelch des Todes:* Das von Gegensätzen geprägte Bild des Todeskelches, aus dem Hans »Lust und Lebenskraft« trinkt, läßt an barocke Bildlichkeit denken, in der oft die enge Verbindung von Lebensfülle und Vergänglichkeit beschworen wird.

115,24 f. *und nicht vom Plan verschwinden:* Der Plan ist eine ebene Fläche, ein Kampfplatz. Das Leben wird hier als Kampf vorgestellt; der Sieger behauptet sich auf dem Plan, der Verlierer tritt frühzeitig ab.

116,26 *Emma Geßler:* Ein in Hesses Werken häufig zu beobachtendes Gestaltungsmittel ist die Präfiguration: eine wichtige Figur wird durch eine Nebenfigur angekündigt und vorgebildet. So wie der Zwölfjährige sich nicht getraute, Emma Geßler anzusprechen, so scheitert der Heranwachsende im Umgang mit der Heilbronnerin Emma an seiner Angst vor der eigenen Sinnlichkeit.

117,8 *Hammermühle:* In der Hammermühle werden gröberes Korn oder andere feste Stoffe mechanisch zerkleinert zwischen sich drehenden Hämmern und festen Siebrosten.

117,33 ff. *Und es geschah ...:* Beide Rettungswege erweisen sich nach Hans' Entlassung aus Maulbronn als ungangbar: der Rückzug in die Natur und die scheinbare Rückkehr in die Kindheit.

118,18 f. *nahe bei der alten steinernen Brücke:* die Brücke über die Nagold in Calw mit der Nikolauskapelle aus dem 14. Jahrhundert (vgl. Abb. S. 45).

118,22 *Gerbergasse:* Die Gerbergasse ist die Bischofstraße in Calw, in der Hesses Großvater Gundert im Hause des Calwer Verlagsvereins wohnte (vgl. Abb. S. 46).

118,27 *eigenen Kirchplätzen:* eigenen Sitzplätzen in der Kirche, mit einem Namensschild gekennzeichnet.

118,29 *Anno siebzig:* im Jahr 1870. Während des Deutsch-Französischen Krieges 1870 wurde das Eisenbahnnetz aus militärischen Gründen erheblich ausgebaut.

118,33 *Dekanat:* Verwaltungsgebäude des Dekans.

119,5–25 *War die Gerbergasse ... Laster nachsagte:* Die Entgegensetzung der »zwei Welten« wird in Hesses Werken häufig gestaltet, am eindrücklichsten im *Demian* in der Polarisierung in eine »helle« und eine »dunkle« Welt: »Die eine Welt war das Vaterhaus, aber sie war sogar noch enger, sie umfaßte eigentlich nur meine Eltern. Diese Welt war mir großenteils wohlbekannt, sie hieß Mutter und Vater, sie hieß Liebe und Strenge, Vorbild und Schule. Zu dieser Welt gehörte milder Glanz, Klarheit und Sauberkeit, hier waren sanfte freundliche Reden, gewaschene Hände, reine Kleider, gute Sitten daheim. Hier wurde der Morgenchoral gesungen, hier wurde Weihnacht gefeiert. In dieser Welt gab es gerade Linien

---

Brücke über die Nagold in Calw mit Nikolauskapelle
(Vgl. Anm. zu 118,18 f.)

Bischofstraße (Gerbergasse) an der Nagold mit Perrots Turmuhrenfabrik im Hintergrund
(Vgl. Anm. zu 118,22)

und Wege, die in die Zukunft führten, es gab Pflicht und Schuld, schlechtes Gewissen und Beichte, Verzeihung und gute Vorsätze, Liebe und Verehrung, Bibelwort und Weisheit. Zu dieser Welt mußte man sich halten, damit das Leben klar und reinlich, schön und geordnet sei.
Die andere Welt indessen begann schon mitten in unserem eigenen Hause und war völlig anders, roch anders, sprach anders, versprach und forderte anderes. In dieser zweiten Welt gab es Dienstmägde und Handwerksburschen, Geistergeschichten und Skandalgerüchte, es gab da eine bunte Flut von ungeheuren, lockenden, furchtbaren, rätselhaften Dingen, Sachen wie Schlachthaus und Gefängnis, Betrunkene und keifende Weiber, gebärende Kühe, gestürzte Pferde, Erzählungen von Einbrüchen, Totschlägen, Selbstmorden. Alle diese schönen und grau-

enhaften, wilden und grausamen Sachen gab es ringsum, in der nächsten Gasse, im nächsten Haus, Polizeidiener und Landstreicher liefen herum. Betrunkene schlugen ihre Weiber, Knäuel von jungen Mädchen quollen abends aus den Fabriken, alte Frauen konnten einen bezaubern und krank machen, Räuber wohnten im Wald, Brandstifter wurden von Landjägern gefangen – überall quoll und duftete diese zweite, heftige Welt, überall, nur nicht in unsern Zimmern, wo Mutter und Vater waren. Und das war sehr gut. Es war wunderbar, daß es hier bei uns Frieden, Ordnung und Ruhe gab, Pflicht und gutes Gewissen, Verzeihung und Liebe – und wunderbar, daß es auch alles das andere gab, alles das Laute und Grelle, Düstere und Gewaltsame, dem man doch mit einem Sprung zur Mutter entfliehen konnte.« (GW 5, S. 9 f.)
Hans Giebenrath haben beide Einflußsphären geprägt, das solide bürgerliche Elternhaus und die Geschichten und Abenteuer des verrufenen Armenviertels.

119,16 *Aftermietern:* Untermietern.

119,16 f. *Schlafgängern:* armen Mietern, die ein Zimmer oder ein Bett in einem Mehrbettzimmer nur zum Schlafen mieteten.

120,5 *Unschlittkerze:* Talgkerze.

120,23 *Hermann Rechtenheil:* Hans Giebenraths Freund ist durch seinen Vornamen und die Ähnlichkeit des Familiennamens eine Präfiguration Hermann Heilners. Auch er ist ein Außenseiter, der nachhaltigen Einfluß auf Hans ausübt.

121,25 f. *aus seiner ovalen Dose schnupfen:* Fein zerriebener Schnupftabak wurde in kleinen Mengen direkt in die Nase eingesogen.

122,1 *Prellstein:* Stein an der Ecke eines Hauses oder Tores zum Schutz vor der Beschädigung durch Fahrzeuge.

122,5 *Sirach:* Jesus Sirach: ein Buch der Apokryphen, jener Bücher, die in späteren Zeiten der Bibel hinzugefügt wurden.

123,10 *Reutlinger Volksbücher:* Die Buchdrucker der am Fuße der Schwäbischen Alb gelegenen Stadt Reutlingen waren bis ins 19. Jh. wegen ihrer Nachdrucke berüchtigt. Um die Wende vom 18. zum 19. Jh. begannen sie, massenhaft populäre, billige Schriften zu drucken, die sich an ein seit der Aufklärung neu entstandenes und ständig wachsendes Lesepublikum wandten, das neben frommen und belehrenden auch unterhaltende und abenteuerliche Stoffe verlangte. Die Produktion der Volksschriften, die fast ausschließlich durch Wanderbuchhändler vertrieben wurden, wuchs so an, daß im Jahre 1824 in Reutlingen 11 Buchdruckereien arbeiten konnten. Die Volksdrucke galten den Behörden als »skandalös«, weil man fürchtete, das Volk würde zu Zeitverschwendung, Müßiggang und Unmoral verführt. Sie wurden immer wieder kontrolliert, zensiert und konfisziert. Aber sie erhielten sich über ein Jahrhundert. Der Verlag Enßlin und Laiblin z. B. führte die Serie »Reutlinger Volksbücher«; beim Verlag Robert Bardtenschlager gab es die »Reutlinger Volksschriften«. Wenn die Lehrer die »skandalösen« Volksbücher konfiszieren, liegt es an den reißerischen Stoffen der hier genannten Titel und an ihrer literarischen Wertlosigkeit.

123,11 *konfisziert:* beschlagnahmt.

123,12 *Sonnenwirtle:* Der schwäbische Räuberhauptmann und Gastwirtssohn Johann Friedrich Schwan (1729–60) wurde mit seiner Gefährtin, der »schwarzen Christine«, zum Tode verurteilt. Er ist das Vorbild u. a. für Schillers Sonnenwirt in *Verbrecher aus Infamie* (1786; zweite Fassung unter dem Titel *Der Verbrecher aus verlorener Ehre*, 1792). Hesse meint hier die zuerst 1854 im Reutlinger Verlag Fleischhauer und Spohn erschienene moritatenhafte Erzählung von Wilhelm Friedrich Wüst *Der Sonnenwirtle oder Leben und Thaten des berüchtigten Räubers und Mörders Johann Friedrich Schwan von Ebersbach.*

Schinderhannes: Der als Sch. bekannte hessische Räuberhauptmann Johann Bückler (1783–1803) galt als ›edler‹ Räuber, der den Armen und Schwachen half. Er wurde mit neunzehn seiner Genossen zum Tode verurteilt. Carl Zuckmayers Drama *Schinderhannes* (1927) ist die bekannteste literarische Bearbeitung. »Zur Lehre und Warnung« erschien seine Geschichte ebenfalls von W. F. Wüst bei Fleischhauer und Spohn in Reutlingen 1854 [u. ö.].

123,13 *Postmichels:* Im Reutlinger Verlag Enßlin und Laiblin erschien 1874 ohne Verfasserangabe die Geschichte *Der Postmichel von Eßlingen oder das Steinkreuz auf der Eßlinger Steige bei Stuttgart.*

123,24 *Lohgarten:* Garten mit Lohgruben, in denen Leder in einer Lohbrühe aus gemahlener Baumrinde gegerbt wird.

123,25 *Estrichen:* Böden, (schweiz.) Dachböden.

124,14 f. *Der Großjohann, genannt Garibaldi:* Giuseppe Garibaldi (1807–82), italienischer Freiheitskämpfer. Hesse schrieb 1904 eine Erzählung mit dem Titel »Garibaldi«, deren Hauptfigur Schorsch Großjohann heißt.

124,33 *Lohkäse:* zusammengepreßte, ausgelaugte Lohe, die als Brennmaterial dient. Als *Lohe* bezeichnet man die zerkleinerten pflanzlichen Gerbstoffe (vgl. Anm. zu 123,24).

125,6 *Sankt Christoffel:* der heilige Christophorus, der das Jesuskind durch den Fluß getragen haben soll.

Sechstes Kapitel

126,2 *Es ging schon stark in den Herbst hinein:* Mit dem Vergehen der Natur neigt sich auch Giebenraths Lebenskurve; er »erlag dem Einfluß der Jahreszeit« (126,24 f.).

126,6 *Exseminarist:* der ehemalige Seminarschüler.

127,5 *Mosttrebern:* Rückstände bei der Gewinnung von unausgegorenem Obstsaft.

127,6 *Kelterplätzen:* Plätzen, an denen die Obstpressen aufgestellt werden.

127,35 *glastend:* gleißend, glänzend.

128,33 *dalketer:* dummer, ungeschickter.

128,35 *Akrat:* akkurat, genau.

129,5 *Anno Duback:* Anno Tobak, in alter Zeit.

129,31 *Satyrmaske:* Satyr: Naturdämon der griechischen Mythologie.

130,16 *Herbsten:* Obst, vor allem Trauben, ernten.

130,26 f. *Goßners Schatzkästlein:* Johannes Goßner (1773 bis 1858), evangelischer Theologe, Gründer der Goßnerschen Missionsgesellschaft, die vor allem in Indien wirkte. Das *Schatzkästlein* ist eines seiner Hauptwerke. Auch Hesses Vater und Großvater waren in der Indienmission tätig.

130,36 f. *wie eine vom Wagenrad gestreifte Wegschnecke:* Ganz nebenbei taucht hier noch einmal das Bild des Rades auf, das ein Lebewesen zermalmen kann. Daß dieses Bild gerade die erste Begegnung zwischen Hans und Emma begleitet, deutet bereits auf Hans' Scheitern hin; selbst die Erfahrung der ersten Liebe wird ihm zum Verhängnis.

133,13 *Taille:* hier: Mieder, oberer, mit Haken geschlossener Teil des Kleides.

133,14 *Haften:* Haken, Ösen.

133,27–31 *In dieser Stunde ... Pein oder Lust:* Das Erwachen seiner Sinnlichkeit ist begleitet von verheißungsvollen Erinnerungen, aber zugleich von den Versagungen, die seine Erziehung ihm eingeimpft hat und die sich in seinem »bösen Gewissen« geltend machen.

133,36 *Sein leichtes Schifflein:* Der Vergleich des Menschenlebens mit einem Schiff auf schwankendem Meer steht in der Tradition barocker Metaphorik. Hesse wandelt dieses Bild ein wenig ab, indem er die menschliche Psyche als ein Schiff sieht, das durch die Gefährdungen und Krisen der inneren Entwicklung geleitet werden muß.

134,11 *Alles war sonderbar anders geworden:* Deutlich verändert sich hier – wie schon bei Hans' Aufenthalt in Stuttgart – die Wahrnehmung der äußeren Wirklichkeit in dem Maße, in dem sich die Seelenlage des Jugendlichen wandelt. Innen und außen korrespondieren so nicht harmonisch, sondern die äußere Wahrnehmung wird durch die innere gefiltert.

134,16 *Wehr:* Stauwehr zur Erhöhung des Wasserstandes und Verringerung der Strömungsgeschwindigkeit.

zieren: schönen, kostbaren.

134,20–22 *banges und süßes Wogen ... zweifelnden Angst:* Fast alle Passagen, die Hans' Begegnung mit Emma schildern, sind sprachlich geprägt von Gegensätzen, in denen sich seine innere Erregung und die Ambivalenz seiner Empfindungen spiegeln.

134,23–27 *Anschwellend wurden diese zwiespältigen Empfindungen ... lautes Lachen:* Wie die Natur ihn mit ihrer ungebrochenen Kraft in ihren Bann zieht, so überwältigt ihn auch die elementare Vitalität seiner eigenen Triebe. Beiden ist er widerstandslos ausgeliefert, denn seine rigide Erziehung hat ihn den Umgang mit den Kräften des Lebens nicht gelehrt.

135,18 *Kufe:* Kübel, Bottich.

135,31–136,4 *Beim Abendessen war es ihm sonderbar ... Wiederbesitzen:* Auch hier spiegelt sich in einem veränderten Verhältnis zur Außenwelt die innere Wandlung wider (vgl. auch Anm. zu 102,5–21 und Anm. zu 134,11).

139,15 f. *verwandelte die zitternde Lust sich in Todesmüdigkeit:* Da Hans Giebenrath seine erwachte Sinnlichkeit nicht annehmen und leben kann, entzieht er sich ihr durch »Todesmüdigkeit«.

140,18 *in eine warme, tiefe Flut:* Eine andere Spielart des Wassermotivs tritt hier hervor: während die Assoziation des Lebensstromes noch dominiert, schwingt zugleich die Vorstellung des Liebestodes im Wasser mit.

141,7 *Sedansfest:* Gedenkfest zur Erinnerung an den Sieg der Deutschen im Deutsch-Französischen Krieg 1870 bei Sedan.

141,28 f. *das war alles ... ihm so ferngerückt:* Wie Hans

Giebenrath in den Wandlungen der Pubertät die äußere Wirklichkeit fremd wird, so fühlt er sich auch seiner eigenen Vergangenheit entfremdet. Beide Aspekte sind zwei Seiten desselben Prozesses, der den Übertritt in die Welt der Erwachsenen begleitet.

142,2 *Schwachmatikus:* Schwächling.

142,3 f. *Vorhammer:* Vorschlaghammer, schwerer Schmiedehammer zur Eisenbearbeitung.

142,10 *jerum:* Reimtragendes Wort in einem bekannten Studentenlied: der Klageruf *o jemine* (entstellt abgeleitet aus lat. *o Jesu domine* ›o Herr Jesus‹) wird verkürzt zu *je* und verbunden mit der Nachsilbe *-rum* aus lat. *rerum.* Die betreffende Liedzeile lautet: »O jerum, jerum, jerum! O quae mutatio rerum!« (»O je, o je, o je! O, welche Veränderung der Dinge!«)

Lamech: im Alten Testament der Stammvater der Nomaden, Musikanten und Schmiede. Hier wird wohl auf seine Klage über die harte Arbeit, die Gott den Menschen auferlegt hat, angespielt (vgl. 1. Mose 5,29).

142,22 *kuranzt:* kuranzen: quälen, schikanieren.

143,17 f. *Kellerstaffel:* Kellerstufe.

144,26 f. *als risse ein großer Sturm ihn mit:* Während Naturvorgänge zuvor meist nur indirekt auf Giebenraths psychische Verfassung bezogen wurden, dienen sie hier der ausdrücklichen Schilderung seines Empfindens.

144,33 *er war so müde:* Hans Giebenraths Müdigkeit wird wie sein Kopfweh leitmotivisch eingesetzt, um sein Scheitern und seinen schließlichen Untergang vorauszudeuten.

144,36 *Mühlenrechen:* Gitter vor der Mühle, das Unrat zurückhält.

Siebentes Kapitel

146,8 *Küfer:* Im Gegensatz zum Böttcher oder Kübler stellt der Küfer hauptsächlich Weinfässer her. Auch Bezeichnung für den Kellermeister, der die Aufsicht über den Weinkeller hat.

149,23 *Herkules:* in der griechischen Mythologie der Sohn des Zeus und der Alkmene, Sinnbild der Kraft.

150,29 *Ahlen:* Werkzeug zum Löcherstechen.

150,30 *Setzhämmer:* hammerähnliche Werkzeuge, die erst durch den Schlag eines Hammers wirksam werden.

150,31 f. *Fräsen:* Werkzeug zur Formgebung durch das Abheben von Spänen.

151,9 *Waschmange:* Wäschemangel.

151,15 *Hymnus:* Loblied.

151,25 *es gehöre zu einer Turmuhr:* Hermann Hesse war vom 5. Juni 1894 bis zum 19. September 1895 Praktikant in der Turmuhrenfabrik Heinrich Perrots in Calw.

152,26 *Kaufmannsstifte:* Kaufmannslehrlinge.

153,21 *kratzte hoffnungslos an seinem Rädchen herum:* vgl. Anm. zu 15,20 f. Das Dingsymbol wird hier in etwas anderer Bedeutung eingesetzt: während Hans mit dem Zerbrechen des Wasserrädchens seiner unbeschwerten Kindheit in einer demonstrativen Geste ein Ende setzte, dominiert nun die mühevolle Anstrengung für eine wenig erfolgversprechende Tätigkeit.

153,23 *Bielach:* Südlich von Calw gibt es einen Ort namens Bulach.

156,7 f. *Arabesken:* Schnörkel, Verzierungen.

156,10 *Straubinger:* Bruder Straubinger ist eine von dem Ortsnamen Straubing abgeleitete Bezeichnung für einen wandernden Handwerksburschen. Zuerst belegt ist diese Bezeichnung in einem 1820 entstandenen Trinklied des bayrischen Dichters Karl Müller.

156,11 *sackerlot:* Ausruf der Überraschung, abgeleitet von frz. *sacrelot* ›verfluchtes‹, eigentlich ›heiliges Schicksal‹, eine Entstellung aus *sacre nom* ›heiliger Name Gottes‹.

157,17 *Batzen:* alte Münze im Wert von 4 Kreuzern.

160,5 *Dragoner:* leichter Reiter, Kavallerist.

161,6 *Kredenz:* Anrichte.

161,16 *schwadronierte:* schwadronieren: wortreich prahlen.

161,17 f. *Pennenleben:* Penne: (gaunerspr.) einfaches Nachtquartier, Schlafstelle, Herberge (urspr.: rotw. *Bonne* ›Quartier der Spitzbuben‹).

162,3 *Galanterien:* galante, höflich schmeichelnde Bemerkungen, Komplimente.

162,30 *Taler:* bis ins 18. Jh. eine amtliche deutsche Münze, etwa im Wert von 3 Mark.

162,35 *»Morgen muß ich fort von hier«:* Volkslied, vertont von Friedrich Silcher (1789–1860), einem schwäbischen Komponisten zahlreicher volkstümlicher Lieder.

164,4 *Herr Giebenrath hatte ausgiebig geschimpft:* Bevor der Leser die Katastrophe erfährt, wird er noch einmal mit der Atmosphäre von Strenge und Herrschaft in Hans' Elternhaus konfrontiert. In seinem ehrgeizigen Streben gescheitert, im Elternhaus ohne Verständnis heranwachsend, ohne innere Stabilität, wird die subjektiv ausweglose Situation des Jungen verständlich.

164,7 *Meerrohr:* Spazierstock, spanisches Rohr, Rohrstock.

164,25 f. *mit seinen Händen und Haaren ... spielte das schwarze Wasser:* Diese stilisierte Beschreibung spielt auf den Selbstmord Ophelias, der wahnsinnigen Geliebten Hamlets, in Shakespeares Drama *Hamlet* an. Dieser absichtsvollen Stilisierung entspricht die Zurückhaltung des ansonsten auktorialen (allwissenden) Erzählers bei der Deutung des Geschehens. Heinz Stolte macht außerdem auf das Vorbild Gottfried Kellers aufmerksam, dem Hesses Erzählen verpflichtet ist. Unverkennbar sei hier der Anklang an die Schlußszene in Kellers Novelle *Romeo und Julia auf dem Dorfe.*

164,29–36 *Niemand wußte auch ... in die Schatten des Todes:* Der Erzähler läßt die Frage nach den Ursachen für Hans Giebenraths Tod bewußt unbeantwortet. Die zahlreichen Todesvorausdeutungen allerdings, Hans' Faszination durch das Wasser, seine intensive Hinwendung zur Natur als einer elementaren Kraft, die Erlösung verheißt, stützen die Deutung dieses Todes als Selbstmord. Der Titel andererseits verweist deutlich auf einen durch andere verschuldeten ›Untergang‹.

165,35 *alles ist ja auch gutgegangen, Schule, Examen –:* Rückblickend läßt Joseph Giebenrath noch einmal die Werte Revue passieren, die für ihn im Leben zählen: Schule, Examen, das heißt: Leistung auf dem Weg zu äußerem Ansehen und Erfolg.

166,3 f. *Dort laufen ein paar Herren ... so weit zu bringen:* Flaigs Kommentar zeigt unmißverständlich, daß für ihn an Hans' Selbstmord kein Zweifel besteht. Für ihn liegen auch die Ursachen auf der Hand: der irregeleitete Ehrgeiz der Erzieher und ihr mangelndes Verständnis für den bedrängten Jugendlichen.

166,12–14 *Über dem Städtchen war ein fröhlich blauer Himmel ... in die Weite:* Die Naturidylle am Ende der Erzählung steht in betontem Gegensatz einerseits zur gerade geschilderten Katastrophe und andererseits zur Atmosphäre dumpfer Beschränktheit, die Joseph Giebenraths Leben umgibt.

166,17 f. *den Niederungen seines gewohnten Daseins entgegenschritt:* Die Erzählung mündet nach der Katastrophe wieder in die Skizze des Philisteralltags ein, mit der sie begann. Diese Kreisbewegung suggeriert, daß sich die Gemeinschaft der Spießbürger durch Hans Giebenraths Leben und Tod kaum und gewiß nur vorübergehend irritieren ließ.

II. Zur Entstehungsgeschichte

In *Unterm Rad* hat HERMANN HESSE Stufen seiner eigenen Entwicklung geschildert, Gefahren gebannt und belastende Erinnerungen verarbeitet. Im Rückblick weist er selbst auf die Wurzeln seiner Erzählung hin, wenn er, in Erinnerung an das Scheitern seines jüngeren Bruders Hans, der sich später, im Jahre 1935, das Leben nahm, sagt: »Der ist auch, seit sie ihm in der Schule das Rückgrat gebrochen haben, immer unterm Rad geblieben« (Brief an Karl Isenberg vom 25. November 1904; in: GB 1, S. 130). Und in seiner »Erinnerung an Hans« heißt es:

»Die Lateinschule, welche auch mir viele Konflikte gebracht hatte, wurde für ihn mit der Zeit zur Tragödie, auf andere Weise und aus anderen Gründen als für mich, und wenn ich später als junger Schriftsteller in der Erzählung ›Unterm Rad‹ nicht ohne Erbitterung mit jener Art von Schulen abrechnete, so war das leidensschwere Schülertum meines Bruders dazu beinah ebensosehr Ursache wie mein eigenes.«

Hermann Hesse: Gesammelte Werke in zwölf Bänden. Frankfurt a. M.: Suhrkamp, 1987. [Im folgenden zit. als : GW.] Bd. 10. S. 211. – © 1970 Suhrkamp Verlag, Frankfurt am Main.

Hermann Hesses eigene Jugend verlief turbulent und voller Gefahren für den Heranwachsenden, der in seiner Umwelt nur wenig Verständnis fand. Rückblickend schrieb HESSE im Jahre 1936:

»Übrigens war auch mir meine Erziehung nicht leicht und sanft erschienen, trotz der unerschöpflichen Liebeskraft der Mutter und dem ritterlichen, delikaten und zarten Wesen des Vaters. Streng und hart waren nicht sie, sondern das Prinzip. Es war das pietistisch-christliche Prinzip, daß des

Menschen Wille von Natur und Grund aus böse sei, und daß dieser Wille also erst gebrochen werden müsse, ehe der Mensch in Gottes Liebe und in der christlichen Gemeinschaft das Heil erlangen könne. So wurden wir – denn unsre Eltern liebten uns sehr und waren beide nichts weniger als hart – zwar nicht spartanisch erzogen und wurden körperlich weniger oft und weniger schwer gezüchtigt als viele unsrer Schulkameraden, deren Väter weder Christen waren noch Ideale hatten, jedoch mit Prügeln und Einsperren schnell bei der Hand waren; aber wir lebten unter einem strengen Gesetz, das vom jugendlichen Menschen, seinen natürlichen Neigungen, Anlagen, Bedürfnissen und Entwicklungen sehr mißtrauisch dachte und unsre angeborenen Gaben, Talente und Besonderheiten keineswegs zu fördern oder gar ihnen zu schmeicheln bereit war.«

GW 10. S. 212 f.

Aus dem kleinen Schwarzwaldort Calw gebürtig, Sohn einer streng pietistischen Missionarsfamilie, besuchte er von 1890–91 die Lateinschule in Göppingen und bestand 1891 das Württembergische Landexamen. Im gleichen Jahr trat Hesse als Stipendiat ins Klosterseminar Maulbronn ein. In den ersten Monaten berichtete er in lebhaften Briefen anschaulich vom Schulalltag, von den Kameraden und Lehrern, von der Beschäftigung mit den verschiedenen Wissensgebieten (vgl. z. B. den Brief an die Eltern vom 30. November 1891 oder vom 13. Dezember 1891, in: KuJ 1, S. 142; S. 148 f.). Er schien das neue Schülerleben zunächst durchaus zu genießen. So schrieb Hesse am 14. Februar 1892 an seine Eltern:

»Ich bin froh, vergnügt, zufrieden! Es herrscht im Seminar ein Ton, der mich sehr anspricht. Vor allem ist es das enge, offene Verhältnis zwischen Zögling und Lehrern, dann aber auch das nette Verhältnis der Zöglinge untereinander. [. . .]

Alles zusammen bildet ein festes, schönes Band zwischen Allen und nirgends findet man einen Zwang. [...] Dann das großartige Kloster!«

Hesse, Ninon (Hrsg.): Kindheit und Jugend vor Neunzehnhundert. Hermann Hesse in Briefen und Lebenszeugnissen. Bd. 1: 1877–1895. Frankfurt a. M.: Suhrkamp, 1966, Bd. 2: 1895–1900. Fortges. und erw. von Gerhard Kirchhoff. Ebd. 1978. [Im folgenden zit. als: KuJ.] Bd. 1. S. 170 f. – © Suhrkamp Verlag. Frankfurt am Main.

Jedoch zeigten sich bald Anzeichen einer seelischen Krise, die im März 1892 ihren Höhepunkt erreichte. Hesses Lehrer Gottlob Wilhelm Paulus berichtete dessen Vater in einem Brief vom 7. März 1892:

»Nach den Angaben mehrerer seiner Mitschüler befand sich Hermann schon seit längerer Zeit, [...] öfters in einem Zustand größter Erregtheit, in welchem er überschwengliche, zum Teil überspannte Gedichte zu verfassen pflegte«.

KuJ 1. S. 180.

Am 7. März 1892 entlief Hesse aus der Klosterschule und wurde am Tag darauf von einem Landjäger zurückgebracht. Dies führte in der Folge zu seiner Entfernung aus dem Seminar. Seine Mutter, Marie Hesse, notierte am 7./8. März 1892 in ihrem Tagebuch:

»Um 5 Uhr kommt der Postmann und ruft vor der Stubentür laut: ›Ein Telegramm!‹ [...] ›Hermann fehlt seit zwei Uhr. Bitte um etwaige Auskunft‹. Welcher Schrecken! Was hat's gegeben? Adele bringt Johannes die Hiobspost und dieser telegraphiert zurück: ›Wir wissen nichts. Bitte Beruhigung telegraphieren!‹ Nachts 9 [Uhr] kam wieder ein Telegramm: ›Alle Schritte getan, bis jetzt ohne Erfolg‹. War das eine Schmerzensnacht! [...] Zuerst hatte mich die Angst, Hermann sei in besondere Sünde und Schande gefallen, es sei dem Entweichen etwas besondres Böses vorausgegangen ganz qualvoll gefoltert, so daß ich ganz dankbar wurde, als ich endlich das Gefühl bekam, er sei in Gottes barmherziger Hand, vielleicht schon ganz bei Ihm, erlöst, gestorben. In einem der von ihm so bewunderten Seen ertrunken? [. . .] Jedes Unglück, jedes bloße in Gottes Hand fallen, schien mir leichter zu tragen als Verschuldung von Hermanns Seite.«

KuJ 1. S. 181 f.

Der Entschluß des Lehrerkollegiums, den Schüler Hermann Hesse aus der Klosterschule zu entfernen, wurde seinem Vater am 11. März 1892 von GOTTLOB WILHELM PAULUS mitgeteilt:

»Sehr geehrter Herr,
gestern ist im Lehrerkonvent über die Bestrafung Ihres Sohnes Hermann beraten worden, und ich habe die Pflicht, Sie von dem gefaßten Beschluß in Kenntnis zu setzen. Wir waren darin einig, daß die Verfehlung Hermanns nicht als vorbereitetes und zweckbewußtes Entweichen anzusehen, auch nicht eine Äußerung des Mutwillens oder Trotzes sei, und daß die große geistige Aufregung und Störung, in welcher er gehandelt hat, als Milderungsgrund betrachtet werden müsse. Es wurde deshalb eine Karzerstrafe von 8 Stunden festgesetzt, welche Hermann von 1/2 1–1/2 9 Uhr verbüßen wird.
Außerdem war es die übereinstimmende Ansicht des Konvents, daß das Verbleiben Hermanns im Seminar in doppelter Hinsicht nicht wünschenswert sei. Nämlich erstlich in seinem eigenen Interesse. Es ist bei der Untersuchung seines Vergehens an den Tag getreten, daß es ihm in hohem Grad an der Fähigkeit fehlt, sich selbst in Zucht zu halten und seinen Geist und sein Gemüt in die Schranken einzufügen, welche für sein Alter und für eine erfolgreiche Erziehung in einem Seminar notwendig sind. Wir sind daher der Überzeugung, daß für ihn der Besuch eines Gymnasiums, wenn

er dabei in einer Familie untergebracht würde, wo er zu gleicher Zeit in fortwährender Zucht und Überwachung stünde und dabei durch das Familienleben gemütliche Anregung fände, um vieles vorteilhafter sein müßte. Fürs zweite aber glauben wir, daß sein Aufenthalt im Seminar für seine Mitschüler eine Gefahr werden könnte. Er ist zu erfüllt von überspannten Gedanken und übertriebenen Gefühlen, denen sich hinzugeben er nur zu geneigt ist. Wenn er nun diese seinen Kameraden mitteilt, so wird er entweder, wie dies bisher der Fall war kein Verständnis finden und sich infolge davon, nach seiner eigenen Aussage, vereinsamt und verkannt fühlen, oder aber, und das wäre eben mit der Zeit doch zu fürchten, wird er auch andere in seine unnatürliche und ungesunde Gedanken- und Gefühlswelt hineinziehen.«

KuJ 1. S. 189 f.

Am 20. März 1892 schrieb Hesse einen elegisch klagenden Brief an seine Eltern:

»Während des Ausflugs selber hatte ich wenig Kopfweh, jetzt aber noch mehr als vorher. Ich bin so müde, so kraft- und willenlos; ich arbeite, soviel ich eben muß, privatim treibe ich gegenwärtig gar nichts. Ich bin so froh, wenn ich einen Augenblick habe, an dem ich nicht gehen, nicht denken muß. Aber deren gibts wenige. Ich bin nicht krank, nur eine mir ganz ungewohnte Schwäche fesselt mich: Ich kann mich kaum mehr ärgern, aber ich kann mich auch nicht freuen, nicht über den goldenen Sonnenschein, nicht über die nahen Ferien. Am liebsten ist mir's, wenn ich ein Viertelstündchen im Ostwind sitzen kann, oben auf dem rebengeschmückten Berg; da ist kein Haus, kein Mensch; ich denke an nichts, tue nichts, und freue mich über den Sturm, der mir die Augen und die Schläfe kühlt. Sogar der göttliche Messias, sogar Homers unsterblicher Gesang fesselt mich nimmer; mein Schiller liegt einsam da, nur hin und wieder lese ich Klopstocks gigantische Klage in den Oden.«

KuJ 1. S. 194.

Am 23. März 1892 wurde HESSE zunächst auf Anraten des Arztes nach Hause geschickt, kehrte nach einem Monat für kurze Zeit nach Maulbronn zurück und schied Anfang Mai 1892 endgültig aus der Klosterschule aus. Rückblickend schrieb er an Helene Voigt-Diederichs am 24. April 1899:

»ich war auch selber Klosterschüler in Maulbronn. Es war die Zeit meiner wildesten Stürme, zwischen Knaben- und Jünglingsalter, und auf diese mächtigen Klostermauern und Kreuzgänge häuft meine Erinnerung allen unwiederbringlichen Glanz, der jener Zeit der ersten Ideale und Sehnsucht eigen ist. Wie voll genoß ich da die sich erschließenden Wunder Homers, wie lebte ich mich in die gotische Kühle der herrlichen steinernen Räume ein und litt doch zugleich unter der Klausur! Damals wußte ich noch nicht, daß das Ziel meiner brennenden Sehnsucht nirgends mit Händen zu greifen sei, ich sah die ›Welt‹ in lockenden Farben liegen und schob alles Elend auf die strenge Verbannung in den Klostermauern. Es war der erste wichtige Schritt meines Lebens, als ich damals, voll glühenden Durstes nach Licht, Schönheit, Freiheit, aus dem Kloster entfloh, und ich leide noch heute unter dieser knabenhaften Geniereise. Was ich fand, das lohnte wahrlich diese verzweifelte Sehnsucht nicht. Dort liegt nun, im Schatten der Linden, mit den Bogenfenstern, Kreuzgängen und Kapellen, weltabgeschieden ein Stück meiner Jugend unerlöst und blickt mit Vorwurf mich an.«

Hermann Hesse: Gesammelte Briefe. In Zsarb. mit Heiner Hesse hrsg. von Ursula und Volker Michels. 4 Bde. Frankfurt a. M.: Suhrkamp, 1973–86. [Im folgenden zit. als: GB.] Bd. 1. S. 55 f. –

Daß seine Flucht aus Maulbronn auch als Verweigerung eines vorgezeichneten Lebensganges und Ablehnung der hiermit verbundenen geistigen Tradition zu sehen ist, läßt ein Brief Hesses an den Vater vom November/Dezember 1893 erkennen:

»Im Seminar gefiel es mir nicht, ebenso wenig in Cannstatt und Esslingen. Daß ich ohne weiteres immer weggelaufen, galt Euch für krankhaft. Es war natürlich nicht das Richtige, aber ich fühlte zu allem, was Ihr aus mir machen wolltet, keine Lust, keine Kraft, keinen Mut. Wenn ich so ohne jedes Interesse an meiner Arbeit Stunde um Stunde im Geschäft oder Studium war, ergriff mich eben Ekel. Meine freien Stunden habe ich immer zur Privatausbildung verwendet. Ihr nanntet es brotlose Künste, ich aber hoffte und hoffe davon zu leben. Nie hatte ich den Mut, meine Absichten und Wünsche Euch zu sagen, denn ich wußte, daß sie mit den Euren nicht übereinstimmten, so kamen wir immer weiter auseinander.«

Volker Michels (Hrsg.): Hermann Hesse. Sein Leben in Bildern und Texten. Frankfurt a. M.: Suhrkamp, 1979. S. 58. –

Hugo Ball resümiert in seiner Hesse-Biographie:

»so scheint es in Schwaben eine typische Neurose junger Menschen zu geben, die ins Seminar einrücken. Eine Neurose, die teils mit der aufreizenden Lebenslust der klassischen Studien, teils mit jener tyrannischen Bußstimmung zusammenhängt, die dem mißtrauisch forschenden Studiosus von Staats wegen nahegebracht wird. Gestrenge, schließlich sogar militärische Autoritäten wie Staat, Geld und Interesse können bei allem frömmigen Anstrich mit einem selbstlosen und ungebrochenen Willen nicht viel anfangen.«

Hugo Ball: Hermann Hesse. Sein Leben und sein Werk. Frankfurt a. M.: Suhrkamp, 1977. S. 48. [Erstausg. Berlin: S. Fischer, 1927.] –

Hesses Bruch mit der Familientradition muß so jenseits der persönlichen Konflikte auch als Bruch mit den Normen eines zu Ende gehenden Jahrhunderts verstanden werden. So steht Hesses *Unterm Rad* in einer langen Reihe anklagender Schul- und Pubertätsromane der Jahrhundertwende wie Arno Holz' *Der erste Schultag* (1889), Rainer Maria Rilkes *Turnstunde* (1902), Emil Strauß' *Freund Hein* (1902), Robert Musils *Die Verwirrungen des Zöglings Törleß* (1906) und Friedrich Huchs *Mao* (1907).

Die ratlosen Eltern schickten ihren Sohn zunächst in die Nervenheilanstalt in Bad Boll zu Pfarrer Christoph Blumhardt. Jedoch weigerte sich Blumhardt nach einem Selbstmordversuch, den der junge Hesse aus enttäuschter Liebe verübt hatte, seinen Zögling länger bei sich zu behalten. So wurde der nunmehr Fünfzehnjährige in die Irrenanstalt Stetten bei Stuttgart gegeben. Von dort schrieb HESSE erschütternde Briefe an die Eltern, deren rigorose Religiosität und harte, verständnislose Erziehung er leidenschaftlich anprangerte, so etwa am 1. September 1892:

»Ein unseliges Jahr, 1892! Düster hat es im Seminar begonnen, dann selige Wochen in Boll, getäuschte Liebe, jäher Abschluß! Und jetzt: alles habe ich verloren: Heimat, Eltern, Liebe, Glaube, Hoffnung und mich selbst. Offen gestanden, ich sehe und bewundere Eure Opfer, aber eigentlich Liebe? Nein –! Stetten ist mir die Hölle. Wenn das Leben des Wegwerfens überhaupt wert wäre, wäre das ganze Leben nicht ein bald heiterer, bald schwarzer Wahn – ich möchte mir den Schädel an diesen Mauern einrennen, die mich von mir selber trennen. Und dazu dieser trübe Herbst und der nahe schwarze Winter. Ja, ja, es ist Herbst, Herbst in der Natur und im Herzen: Die Blüten fallen, ah, das Schöne flieht und eisige Kälte bleibt zurück. Und ich bin der Einzige unter einigen Hunderten von entmenschten Irren, der dies fühlt. Fast wünsche ich mir den Irrsinn, es muß unendlich süß sein, alles, alles verschlafen, vergessen zu können, Lust und Leid, Leben und Schmerz, und Liebe und Haß!«

KuJ 1. S. 251.

Seine Briefe zeugen jedoch nicht nur von seiner Verzweiflung, sondern zugleich von seinem ungebrochenen Willen, wie der Brief vom 11. September 1892 zeigt:

»Ihr seht nach diesem elenden Leben ein besseres, während ich mir's ganz anders denke und darum dies Leben entweder wegwerfen oder etwas davon haben möchte. Was hilft es auch einmal, wenn ich gelernt habe, mich wie ein Drescher aufzuführen etc: Papa nennt Stetten den ›besten‹ Ort, weil ich da dingfest bin und Ihr mich sicher los seid. O glaubt, diese kalten Erklärungen meinerseits sind's nicht, die mich erfüllen und bewegen, nein, es ist ein wehmütiger Schmerz um den verlorenen ewigen Frühling etc, ein Heimweh, aber nicht nach Calw, sondern nach etwas Wahrem. Ich sehe aber in Leben und Treiben, Hoffen und Lieben nur Wahn, nur Empfindung; wie Turgenjeff sagt: »Dunst, Dunst«! Wenn ich vor Monaten mein jetziges Leben gesehen hätte, hätte ich's für einen bösen unmöglichen Traum gehalten. Dieser kalte, halb gelehrte, halb praktische Pfarrer mit seinen Predigten, diese ungebildeten Wärter, diese Kranken mit den abstoßendsten Gesichtern und Manieren, etc, etc, alles ist mir in der Seele verhaßt und wie gemacht, einem jungen Menschen zu zeigen, wie elend dieses Leben mit Allem ist. Was habe ich immer für gute Musik, gute Poesie etc, gegeben!: Von alledem hier keine Spur, die nackteste, ausgesucht finsterste Prosa. Es wäre anders, wenn ich hier aufgewachsen wäre. Wie der eben ausgeschlüpfte Schmetterling könnte ich mich dann später der Sonne freuen. Aber ich kenne die Sonne: Sperret den ausgeschlüpften Schmetterling wieder ein! Doch wozu diese Erklärungen, Ihr seid in Calw und nicht in Stetten, ich bin in Stetten und nicht in Calw. Ihr atmet eine andre Luft als

ich, ›Hermann in Stetten‹ ist Euch fremd, ist Euer Sohn nicht.
Die Gartenarbeit ist mir verhaßt, und seit ich hier bin, war ich erst einigemal im Garten, obgleich ich jeden Tag gehen ›sollte‹. ›Mein Vater konnte mich nicht brauchen und hat mich nach Stetten geschickt‹ und damit basta. Da sitze ich, weil ich anderswo nicht sein darf und weine über mich, während ich über den Inspektor lache. Ich lasse mich von ihm nicht zwingen. Wenn er erfährt, daß ich nicht im Garten oder im Livius arbeite, so gibt er mir zu wenig zu essen u. ä., vielleicht droht er auch mit Zellenhaft. Er mag's tun.
Meine letzte Kraft will ich aufwenden, zu zeigen, daß ich nicht die Maschine bin, die man nur aufzuziehen braucht. Man hat mich mit Gewalt in den Zug gesetzt, herausgebracht nach Stetten, da bin ich und belästige die Welt nimmer, denn Stetten liegt außerhalb der Welt. Im Übrigen bin ich zwischen den vier Mauern mein Herr, *ich gehorche nicht und werde nicht gehorchen.*
Wenn der Inspektor es merkt, wird es furchtbare Auftritte geben, ich werde geschunden werden, es geschieht ja alles *zu meinem Besten!*
Für's Elternhaus, für die Familie hat mich die Natur, wie mir scheint, nicht bestimmt, doch dürft Ihr nicht sagen wie Posa:

›Wie arm bist du, wie bettelarm geworden,
Seitdem du niemand als dich selber liebst.‹

Das verdiene ich nicht. Ich liebe mich selber, wie jeder, aber nicht deshalb kann ich hier nicht leben, sondern weil ich eine andere Atmosphäre brauche, um meinen Zweck als Mensch erfüllen zu können und – zu wollen. Ihr seht, ich strenge mich an, Alles objektiv zu erklären, alle Einwendungen im voraus abzuschlagen; denn ich möchte endlich eine Entscheidung. Sagt so – und ich werde Fremde in Euch sehen, sagt so – und ich kann leben und schaffen. [. . .]

Und jetzt frage ich, nur als Mensch, (denn ich erlaube mir, gegen Euren Willen und meine 15 Jahre, eine Ansicht zu haben): Ist es recht, einen jungen Menschen, der außer einer kleinen Schwäche der Nerven so ziemlich ganz gesund ist, in eine ›Heilanstalt für *Schwachsinnige und Epileptische*‹ zu bringen, ihm gewaltsam den Glauben an Liebe und Gerechtigkeit und damit an einen Gott zu rauben? Wißt Ihr, daß ich, als ich das erstemal von Stetten kam, wieder leben und ringen wollte und daß ich jetzt, so ziemlich geheilt, innerlich kränker bin als je? Wäre es nicht besser, ein solcher würde mit einem Mühlstein um den Hals in's Meer versenkt, da es am tiefsten ist?
[...] Es ist jedenfalls sehr, sehr merkwürdig, daß es für einen jungen Mann von 15 Jahren, der nervös, sonst ganz gesund ist, Schule besucht hat etc, etc, gar, gar keinen Ort in der unendlichen Welt gibt als – Stetten im Remstal, Schloß, No 29. Wenn ich mehr Geld und auch menschliche Gesellschaft hätte, würde ich all dies im Wirtshaus vergessen. Dahin hat die elterliche Liebe den Sohn, mit dem man es ja so engelgut meint, gebracht, daß er sich um einen tollen Nachmittag in Gesellschaft verkaufen würde.
[...] Und hier wird jegliches Ideal, jede Liebe profaniert, mißverstanden, verlacht. Ihr sagt, ich habe noch ein ganzes Leben vor mir. Allerdings, aber die Jugend ist das Fundament, da ist das Herz noch empfänglich für Gutes und Böses. Aber ach, ich vergesse, daß Ihr andere Menschen seid, ohne Makel und Fehl, wie die Statue, aber ebenso tot. Ja, Ihr seid echte, wahre Pietisten, wie Nikodemus (?): ein Jude, in dem kein Falsch ist. Ihr habt andre Wünsche, Anschauungen, Hoffnungen, andre Ideale, findet in Andrem Eure Befriedigung, macht andre Ansprüche an dieses und jenes Leben; Ihr seid Christen, und ich – nur ein Mensch.«

KuJ 1. S. 260–265.

Schonungslos rechnete HESSE in einem Brief am 14. September 1892 mit dem Vater ab:

»Sehr geehrter Herr!
Da Sie sich so auffällig opferwillig zeigen, darf ich Sie vielleicht um 7 M oder gleich um den Revolver bitten. Nachdem Sie mich zur Verzweiflung gebracht, sind Sie doch wohl bereit, mich dieser und sich meiner rasch zu entledigen. Eigentlich hätte ich ja schon im Juni krepieren sollen.
Sie schreiben: Wir machen Dir gar keine ›schrecklichen Vorwürfe‹ weil ich über St[etten] schimpfe. Dies wäre auch mir durchaus unverständlich, denn das Recht zu schimpfen darf man einem Pessimisten nicht nehmen, weil es sein einziges und letztes ist.
›Vater‹ ist doch ein seltsames Wort, ich scheine es nicht zu verstehen. Es muß jemand bezeichnen, den man lieben kann und liebt, so recht von Herzen. Wie gern hätte ich eine solche Person! Könnten Sie mir nicht einen Rat geben. In alter Zeit war das Fortkommen leicht: jetzt ist's schwer, ohne Scheine, Ausweise etc durchzukommen. Ich bin 15jährig und kräftig, vielleicht könnte ich an der Bühne unterkommen?
Mit Herrn Schall mag ich nicht verhandeln, der herzlose Schwarzfrack ist mir verhaßt, ich könnte ihn erstechen. Er gönnt mir keine Familie, so wenig als Sie oder irgend jemand.
Ihre Verhältnisse zu mir scheinen sich immer gespannter zu gestalten, ich glaube, wenn ich Pietist und nicht Mensch wäre, wenn ich jede Eigenschaft und Neigung an mir ins Gegenteil verkehrte, könnte ich mit Ihnen harmonieren. Aber so kann und will ich nimmer leben und wenn ich ein Verbrechen begehe, sind nächst mir Sie schuld, Herr Hesse, der Sie mir die Freude am Leben nahmen. Aus dem ›lieben Hermann‹ ist ein andrer geworden, ein Welthasser, eine Waise, deren ›Eltern‹ leben.

Schreiben Sie nimmer ›Lieber H.‹ etc; es ist eine gemeine Lüge.
Der Inspektor traf mich heute zweimal, während ich seinen Befehlen nicht nachkam. Ich hoffe, daß die Katastrophe nimmer lang auf sich warten läßt. Wären nur Anarchisten da!

H. Hesse, Gefangener
im Zuchthaus zu Stetten

wo er ›nicht zur Strafe‹ ist. Ich beginne mir Gedanken zu machen, *wer* in dieser Affaire schwachsinnig ist.«

KuJ 1. S. 268 f.

Nach wenigen Monaten bekam er die Erlaubnis, das Gymnasium in Bad Cannstatt zu besuchen. Nach dem »Einjährigen« verließ er das Gymnasium und begann in Esslingen eine Buchhändlerlehre. Dort hielt er es jedoch nur wenige Tage aus. Monate später trat er als Lehrling in die Calwer Turmuhrenfabrik Perrot ein und blieb dort bis zum September 1895. Der Spott seiner Umwelt blieb nicht aus. Heinz Stolte beschreibt die Situation des Lehrjungen so:

»Vor den Augen kleinstädtischer Neugier und Schadenfreude ist aus dem ehemals so vielversprechenden Lateinschüler, dem Absolventen des Landexamens, einer kleinen Lokalberühmtheit also, am Ende ein trauriger, blasser, geistig anscheinend versimpelter Lehrbube im blauen Schlosseranzug geworden, warnendes Beispiel dafür, daß Hochmut vor dem Fall kommt und daß die Bäume nicht in den Himmel wachsen und daß Studieren überhaupt von Übel ist.«

Heinz Stolte: Hermann Hesse. Weltscheu und Lebensliebe. Hamburg: Hansa-Verlag, 1971. S. 21. – Mit Genehmigung von Renate Stolte, Hamburg.

Während seiner einjährigen Lehrzeit betrieb Hesse ein intensives Studium der Literatur, schrieb Gedichte und Literaturbetrachtungen und fand allmählich in geordnete Bahnen. In »Kurzgefaßter Lebenslauf« heißt es:

»Kurz, mehr als vier Jahre lang ging alles unweigerlich schief, was man mit mir unternehmen wollte, keine Schule wollte mich behalten, in keiner Lehre hielt ich lange aus. Jeder Versuch, einen brauchbaren Menschen aus mir zu machen, endete mit Mißerfolg, mehrmals mit Schande und Skandal, mit Flucht oder mit Ausweisung«.

GW 6. S. 395.

Dem an seiner Entwicklung Anteil nehmenden Cannstatter Lehrer Ernst Kapff schrieb HESSE am 1. Juli 1895:

»Jetzt erst habe ich allmählich wieder Ruhe und Heiterkeit gefunden, bin geistig gesund geworden – von jener bösen Zeit voll Zorn und Haß und Selbstmordgedanken will ich nimmer sprechen, [. . .] Jetzt ist diese Zeit vorbei. Immerhin hat sie mein dichterisches Ich ausgebildet; die tollste Sturm- und Drangzeit ist glücklich überstanden.«

KuJ 1. S. 468.

Später, z. B. in »Kurzgefaßter Lebenslauf«, hat HESSE seine Jugendkrisen auch und vor allem als Konflikt des werdenden Dichters mit der verständnislosen Umwelt gedeutet:

»Die Sache war so: von meinem dreizehnten Jahr an war mir das eine klar, daß ich entweder ein Dichter oder gar nichts werden wolle. Zu dieser Klarheit kam aber allmählich eine andre, peinliche Einsicht. Man konnte Lehrer, Pfarrer, Arzt, Handwerker, Kaufmann, Postbeamter werden, auch Musiker, auch Maler oder Architekt, zu allen Berufen der Welt gab es einen Weg, gab es Vorbedingungen, gab es eine Schule, einen Unterricht für den Anfänger. Bloß für den Dichter gab es das nicht! Es war erlaubt und galt sogar für eine Ehre, ein Dichter zu sein: das heißt als Dichter erfolgreich und bekannt zu sein, meistens war man leider dann schon tot. Ein Dichter zu werden aber, das war unmöglich, es werden zu wollen, war eine Lächerlichkeit und Schande, wie ich sehr bald erfuhr. Rasch hatte ich gelernt, was aus der Situation zu lernen war: Dichter war etwas, was man bloß sein, nicht aber werden durfte. Ferner: Interesse für Dichtung und eigenes dichterisches Talent machte bei den Lehrern verdächtig, man wurde dafür entweder beargwöhnt oder verspottet, oft sogar tödlich beleidigt. Es war mit dem Dichter genau so wie es mit dem Helden war, und mit allen starken oder schönen, hochgemuten und nicht alltäglichen Gestalten und Bestrebungen: in der Vergangenheit waren sie herrlich, alle Schulbücher standen voll ihres Lobes, in der Gegenwart und Wirklichkeit aber haßte man sie, und vermutlich waren die Lehrer gerade dazu angestellt und ausgebildet, um das Heranwachsen von famosen, freien Menschen und das Geschehen von großen, prächtigen Taten nach Möglichkeit zu verhindern.«

GW 6. S. 393 f.

Nach einer erfolgreich abgeschlossenen Buchhändlerlehre in Tübingen von 1895–1898 erschien im Herbst 1898 Hesses erste Veröffentlichung, die *Romantischen Lieder*, 1899 die Sammlung kurzer Prosastücke *Eine Stunde hinter Mitternacht* und 1901 die *Hinterlassenen Schriften und Gedichte von Hermann Lauscher.* Im Frühjahr 1903 gab Hesse seine Buchhändlertätigkeit auf und lebte fortan als freier Schriftsteller. Nachdem er im Sommer 1903 das Manuskript des *Peter Camenzind* abgeschlossen hatte, schrieb er in den Herbst- und Wintermonaten 1903 in Calw seine Erzählung *Unterm Rad*, die 1904 als Fortsetzungsroman in der *Neuen Zürcher Zeitung* erschien. Die Buchausgabe folgte 1905 im S. Fischer Verlag (mit der Jahresangabe 1906). An Karl Isenberg schrieb Hesse vor Erscheinen des Buches am 25. November 1904:

»*Unterm Rad* wird nächstes Jahr als Buch erscheinen, in Kleinigkeiten gemildert. Hoffentlich nimmst Du an den paar salzigen Stellen nicht zu sehr Anstoß. Die Schule ist die einzige moderne Kulturfrage, die ich ernst nehme und die mich gelegentlich aufregt. An mir hat die Schule viel kaputtgemacht, und ich kenne wenig bedeutendere Persönlichkeiten, denen es nicht ähnlich ging. Gelernt habe ich dort nur Latein und Lügen, denn ungelogen kam man in Calw und im Gymnasium nicht durch – wie unser Hans beweist, den sie ja in Calw, weil er ehrlich war, fast umbrachten. Der ist auch, seit sie ihm in der Schule das Rückgrat gebrochen haben, immer unterm Rade geblieben.«

GB 1. S. 130.

Mildernd kommentiert HESSE wesentlich später aus dem Rückblick in »Begegnungen mit Vergangenem« (1953):

»In der Geschichte und Gestalt des kleinen Hans Giebenrath, zu dem als Mit- und Gegenspieler sein Freund Heilner gehört, wollte ich die Krise jener Entwicklungsjahre darstellen und mich von der Erinnerung an sie befreien, und um bei diesem Versuche das, was mir an Überlegenheit und Reife fehlte, zu ersetzen, spielte ich ein wenig den Ankläger und Kritiker jenen Mächten gegenüber, denen Giebenrath erliegt und denen einst ich selber beinahe erlegen wäre: der Schule, der Theologie, der Tradition und Autorität.«

GW 10. S. 352.

III. Zur Rezeptionsgeschichte

Hesses Erzählung *Unterm Rad* erschien zuerst im Vorabdruck der *Neuen Zürcher Zeitung* als Fortsetzungsroman in 35 Folgen vom 5. April bis 17. Mai 1904. Im Oktober 1905 (mit der Jahresangabe 1906) erschien die überarbeitete Fassung im S. Fischer Verlag in Buchform. Hesse hatte zwei Jahre zuvor mit seinem neuromantischen Roman *Peter Camenzind* bei einem breiten Publikum begeisterte Zustimmung gefunden. Die zeitgenössischen Leser und Kritiker knüpfen an diese Leseerfahrung an und messen die Erzählung *Unterm Rad* an Hesses Erfolgsroman. Dabei werden vor allem die Stimmungsbilder und liebevollen Detailschilderungen gerühmt. Man vergleicht den Dichter in seinem »poetischen Realismus« mit Gottfried Keller, mit dem er neben der treffenden Charakterzeichnung und Naturschilderung auch die Feinheit der Ironie und Satire teile. Hinter dem Lob der emotionalen Qualitäten des Buches tritt die Anklage des Dichters zurück. So schreibt etwa Wilhelm Hegeler:

»Schließlich aber, und das ist das hübscheste an seiner Geschichte, schert er sich den Teufel um alle Tendenz, und der Dichter verführt ihn, des Lebens bunte Irrgänge weiter zu schildern, und da beginnt der schönere, erfreulichere Teil des Buches, wie noch einmal die ahnungsreiche, abenteuerfrohe Kindheit erzählt wird, das geheimnisvoll spukhafte Treiben der Falkengasse, die kurze Gesellenzeit, das fröhliche Mosten, die erste Liebe mit ihrem dunkel unruhigen Gähren, ihrem süß betäubenden Duft und ihrem bitteren Nachgeschmack der Enttäuschung.
Das Leben eines feinen träumerischen Knaben, der aber nie gemacht war, eine Leuchte der Wissenschaft zu werden, gibt das Buch und ist erfüllt von dem sehnsüchtigen Schmerz um dahingegangene Jugend, um ihre Unschuld, ihre Sorglosig-

keit, ihr regenbogenfarbenes Dämmern – die immer dahingehen wird und erbleichen unter dem harten Licht des Lebens. Anklage war beabsichtigt, aber die Elegie des Dichters ist daraus geworden. Künstlerisch ist das Buch weniger reif und rund als der Camenzind, und man darf wohl annehmen, daß es früher geschrieben ist, aber in seinen besten Stellen reicht es an diesen heran mit seinem tiefen Naturgefühl und dem klaren, warmen Leuchten einzelner Bilder.«

Wilhelm Hegeler: Unterm Rad. Roman von Hermann Hesse. In: Das literarische Echo 8 (1905) H. 4. Sp. 294 f. Zit. nach: Adrian Hsia (Hrsg.): Hermann Hesse im Spiegel der zeitgenössischen Kritik. Bern / München: Francke, 1975. [Im folgenden zit. als: Hsia.] S. 62 f.

Man lobt wie Theodor Heuss die »künstlerische Geschlossenheit und Einheitlichkeit« des Werkes (s. S. 78), wie Julie Speyer Hesses »Kraft der Beobachtung und Gestaltung«, kritisiert jedoch wie letztere zugleich eine leicht gezwungene Lehrhaftigkeit:

»Hesses Stil hat das Zeichen der Reflexion, an der der Glanz seines Künstlerwertes sich bricht. Sein kleiner Held geht daran zu Grunde, daß alle Menschen, die über seinem Leben walten, in einer gesichtslosen Reflexion des Ehrgeizes handeln, statt den zarten Licht und Freiheit erheischenden Kinderkörper zu sehen. Die Gestalten selber sind Geburten der Reflexion. Alle Erwachsenen in diesem Buch – der schöngeistige Pfarrer, der bornierte Lateinlehrer, der pietistische Schuster (der überhaupt stark Literatur ist), der kläglich komische Vater – alle beweisen etwas, sind da um etwas zu beweisen, lassen nicht träumen, sind hintergrundlos.«

Julie Speyer: Knabentragödien. In: Die Schaubühne 2 (1906) Nr. 27. S. 15 f. Zit. nach: Hsia S. 72.

So stellt auch Arthur Eloesser nach einer unmißverständlichen Würdigung des kritischen Impetus in dieser Erzählung ausgleichend fest:

»Wenn dieser Roman nur der einseitigen Zuspitzung der Anklage diente, würde er mit der ununterbrochenen Absichtlichkeit, die die Schlinge immer fester um den Hals des Opfers zieht, als sehr konstruktive Polemik schnell erledigt sein, aber es ist auch eine schluchzende Klage darin von einem Lebendiggebliebenen um gemordete Knabenseelen und etwas wie bittende Hände erhebt sich wehrend und schützend über den Träumen und Spielen der Kindheit. Wenn Hesse diese Liebe nicht hätte, würde sein unversehrter Haß gegen die Schule recht kleinlich und unmännlich scheinen, nicht zum letzten auch unkünstlerisch, weil er keine Ausnahmen zuläßt und namentlich auf Seiten der Lehrer ausschließlich einseitig tendenziöse Bildungen hervorbringt.«

Arthur Eloesser: Hermann Hesse. Unterm Rad. In: Vossische Zeitung. Berlin. Nr. 128. 18. März 1906. Zit. nach: Hsia, S. 68.

Als Schulroman muß sich Hesses *Unterm Rad* natürlich in fast jeder Rezension den Vergleich mit Emil Strauß' 1902 erschienenem Publikumserfolg *Freund Hein* gefallen lassen:

»Hesse ist also polemischer oder, wenn man will, tendenziöser als Strauß, und er hat sich durch keine Bedenken künstlerischer Objektivität zurückhalten lassen, die Beweisführung der Tatsachen durch mehrere Seiten einer persönlichen und direkten Anklage der lebensgefährlichen Einrichtung der Schule zu unterbrechen. Sein Roman enthält ungefähr eine Anleitung für Eltern, Vormünder, Lehrer, wie man einen gesunden begabten jungen Menschen am zweckmäßigsten zu Grunde richtet, welche Wurzeln man abzuschneiden hat, damit das junge Stämmchen am schnellsten verdorrt und stirbt.«

Ebd. S. 67.

So berechtigt die Kritik an den Autoritäten erscheint, so zeigt sich doch zugleich ein gewisser Überdruß an Schul- und Pubertätsgeschichten der Zeit:

»Von Schule und Kindheit haben wir nun genug gehört, nachdem Freund Hein sich erschossen und Hans Giebenrath sich ertränkt hat unter vielen anderen hoffnungsreifen Knaben. Rings herum in den deutschen Gauen sitzen so manche liebe Poeten, die still vor sich hindichten, die sich und uns immer wieder ins Jugendland zurückbringen, sitzen so wenig Schriftsteller, die zu Männern sprechen, die unsere Erfahrungen bestätigen und vertiefen, die nicht nur in Flöten hauchen, sondern auch in die Posaune stoßen und den Marsch trommeln zu dem mächtigen Sturmgang unserer bewegten Zeit. Es ist sehr schön, Schwabe zu sein, und Heimatkunst ein wohlklingendes Wort, angenehm beruhigend aber nicht erschöpfend in einer Zeit, da es der größeren deutschen Heimat und unserem alten Erdteil in seinen Grenzen zu enge wird.«

Ebd. S. 70.

Daß die Träger der kirchlichen Bildungseinrichtungen und die zeitgenössischen Pädagogen sich von Hesses Kritik getroffen fühlten, macht ihre Reaktion sehr deutlich. So schreibt etwa Heinrich Adolf Köstlin:

»Die ergreifende Geschichte, die uns Hermann Hesse in diesem Buche erzählt, interessiert uns Theologen nicht bloß unter dem literarischen Gesichtspunkt, geht uns vielmehr auch als Theologen sehr nahe an, sie stellt an uns Fragen, denen wir nicht ausweichen sollen und dürfen, Fragen, die sich freilich zunächst an das Land richten, auf dessen Boden die Geschichte spielt, die aber zuletzt doch die ganze Kirche angehen. [...]
Wieder ein Opfer der theologischen Laufbahn, mindestens der in Württemberg üblichen Theologenbildung – das ist

der Eindruck, den manche von dem tief ergreifenden, mit der Meisterschaft eines echten Dichters geschriebenen Buche mitnehmen.«

Heinrich Adolf Köstlin: Zur Theologenerziehung. In: Monatsschrift für Pastoraltheologie 2 (1905) H. 5. S. 305–308. Zit. nach: Hsia. S. 57 f.

Köstlin legt einerseits Wert auf die allgemeine Gültigkeit der Kritik an Erziehung und Schule, die einer einseitigen Verurteilung württembergischer Einrichtungen vorbeugen soll, andererseits betont er die psychische Labilität des Knaben Hans Giebenrath als Ursache seines Scheiterns:

»Zunächst möchten wir, um falscher Ausdeutung des Dichterwerkes zu wehren, feststellen: nicht um ein Opfer des theologischen Berufs, nicht einmal der verfrühten Bestimmung für denselben handelt es sich. Letztere ist nur mittelbar und nur äußerlich mit die Ursache, weshalb Hans Giebenrath ›unters Rad‹ kommt, sofern sie eben formell mit der Bestimmung fürs Landexamen, diese mit dem Wunsch, ins Seminar zu kommen, und dieser wieder mit dem Verlangen, überhaupt studieren zu können, verbunden ist. Die Möglichkeit hierzu eröffnete sich dem Knaben nur mit der Aufnahme ins Seminar, diese nur durch das Landexamen. Wollte er der Wohltat von Seminar und Stift teilhaftig werden, so war es selbstverständlich, daß er die damit verknüpfte Verpflichtung zum späteren Eintritt in den Kirchen- bezw. höheren Schuldienst übernahm. Diese selbst machte jedoch in den Jahren, um die es sich handelt, dem Knaben keine Beschwer, sie erschien ihm eher im Licht einer erhebenden Aussicht. Mag man über die sittliche Berechtigung der Abnahme einer derartigen Verpflichtung 14jähriger Knaben gegenüber denken, wie man will: die Ursache, weshalb der junge Hans Giebenrath ›unters Rad‹ kam, war sie nicht, oder also doch höchstens mittelbar.
Er erscheint auch nicht – und dies drängt es mich, nichtwürttembergischen Lesern gegenüber nachdrücklich zu be-

tonen – als das Opfer der württembergischen Seminar-Einrichtung und der durch sie bedingten Erziehungsweise. Daß diese in sehr vielen Punkten der Verbesserung bedürftig und fähig ist, weiß man in Württemberg selbst am allerbesten. Aber die pädagogischen Versäumnisse und Verstöße, die dazu mitwirken, die Katastrophe zum Ausbruch zu bringen, können in jeder Erziehungsanstalt ähnlicher Art vorkommen. [. . .] Das Hesse'sche Buch darf also und *will* wohl auch nicht als Zeugnis gegen die spezifisch württembergische Einrichtung der niederen theologisch-philologischen Seminare an *sich* in Anspruch genommen werden.
Endlich erscheint Hans Giebenrath auch nicht ohne weiteres als Opfer des Landexamens. Freilich, er trägt als Folge der übermäßigen Anspannung der Geisteskräfte ein Kopfleiden davon, das nachher für ihn verhängnisvoll wird. Allein, Hunderte haben dieses Fegefeuer durchgemacht und sind gesund geblieben.
Die eigentliche und letzte Ursache des frühen Zusammenbruchs bildet die leibliche und seelische Disposition des Knaben, vermöge deren er von vornherein den Anforderungen des Landexamensdrills nicht gewachsen war, weiter der völlige Mangel mütterlicher Pflege und Fürsorge, infolgedessen seiner Jugend der Sonnenschein verständnisvoller Liebe fehlte, und der Knabe in allen tieferen Anliegen auf sich selbst angewiesen war, da der biedre, aber verständnislose Vater ihm geistig und gemütlich nicht viel sein konnte. Die eigentümliche Gemütsanlage nicht erkannt und ihr nicht Rechnung getragen zu haben, das ist die Schuld, die an dem Verhängnis, dem der Knabe erlag, die Nächstverantwortlichen, den Vater, und, weil dieser als nicht in vollem Umfang urteilsfähig nicht zu rechnen ist, seine Erzieher, die Lehrer an der heimatlichen Schule und an dem Seminar, trifft.«

Ebd. S. 58 f.

Hesses humanitäres Engagement wird sowohl wegen seiner scharfen Kritik als auch wegen seines warmherzigen Eintretens für die Jugend gewürdigt, so etwa von THEODOR HEUSS:

»Ein Tendenzwerk? Ja, dort, wo es mit warmen Worten das Recht der Jugend auf eine Jugend verlangt. Was das Buch aus der Flut der übrigen erhebt, ist nicht seine Fabel, sondern deren Entwicklung und Ablösung. Es ist ein stilles, aber doch kräftiges und keineswegs sentimentales Buch, reich an sicheren und farbigen Episodenbildern, der Aufbau einfach, übersichtlich, die Sprache von einem freien und wohltuenden Rhythmus. Was besonders des Rühmens wert ist, ist die seltene künstlerische Geschlossenheit und Einheitlichkeit.«

Theodor Heuss: Unterm Rad. Roman von Hermann Hesse. In: Die Hilfe 11 (1905) Nr. 50. S. 11f. Zit. nach: Hsia. S. 63.

Die Mischung von kritischem Engagement und der Gestaltung entwicklungstypischer Konflikte, die schon die Zeitgenossen begeisterte, bestimmte auch die Wiederentdeckung dieser lange vergessenen Erzählung.
Nach 1938 durften Hesses Bücher als unerwünschte Literatur im nationalsozialistischen Deutschland nicht mehr erscheinen. Der Autor selber galt wegen seines pazifistischen Engagements während des Zweiten Weltkriegs als Vaterlandsverräter. Erst die Verleihung des Nobelpreises für Literatur im Jahre 1946 an Hermann Hesse sicherte seinen Werken erneute Aufmerksamkeit. 1951 erschien *Unterm Rad* in einer bearbeiteten Fassung im Suhrkamp Verlag. Die Verleihung des Frankfurter Goethe-Preises 1946 und des Friedenspreises des Deutschen Buchhandels 1955 dokumentiert Hesses Anerkennung als bedeutender Schriftsteller seiner Zeit. Seine Popularität ist jedoch noch weitgehend auf den deutschen Sprachraum beschränkt.

In den späten 50er Jahren ebbt diese Popularität rasch ab; vor allem die jungen Leser verlangen von der Literatur Aktualität und konkrete Hilfe bei der Bewältigung der eigenen Gegenwart. Diesem Anspruch schien Hesse, der nun in der Presse mehr und mehr als »Autor des individuellen Katzenjammers« gebrandtmarkt wurde, nicht zu genügen. Als Hesse 1962 starb, war die Hesse-Welle verebbt.

Ungeahnte Popularität und weitreichende Wirkung erlangte Hesses Werk erneut in den 60er Jahren in den USA. Die junge Generation, die einer durch Rassendiskriminierung und Vietnamkrieg geprägten Gesellschaft ihre eigene alternative Lebensweise, getragen von Pazifismus und Nonkonformismus, entgegenstellte, wählte Hesses Romane als Wegweiser und Kultbücher. Vor allem die Romane *Der Steppenwolf* und *Siddhartha* prägten entscheidend die Gegenkultur in den 60er und 70er Jahren. Aber auch *Unterm Rad* gehörte mit ungefähr 461 000 verkauften Exemplaren innerhalb von 6 Jahren zu den Erfolgsromanen. In der Reihe der amerikanischen Hesse-Übersetzungen rangiert die Erzählung, gemessen an den Verkaufsziffern, hinter dem *Steppenwolf, Demian, Siddhartha* und dem *Glasperlenspiel* immerhin an 5. Stelle. Die amerikanische Hessebegeisterung bewirkte innerhalb kürzester Zeit eine sensationelle Popularität des Autors in zahlreichen europäischen und außereuropäischen Ländern. Martin Pfeifer nennt in seiner Rezeptionsgeschichte *Hermann Hesses weltweite Wirkung* bis zum Jahre 1977 bereits 36 Übersetzungen in 23 Sprachen.

Eine weitreichende Folge der amerikanischen Hesse-Begeisterung war der »Rückimport« Hesses nach Deutschland. Für die Generation der Aussteiger unterschiedlicher Weltanschauungen zur Zeit der Studentenrevolte und der folgenden anti-autoritären Bewegungen der siebziger Jahre gewannen Hesses Bücher ungeahnte Aktualität und Faszination. So wurde *Unterm Rad*, ein Buch, das in Deutschland seit zwei Jahrzehnten fast kaum mehr Beachtung gefunden hatte, plötzlich hochaktuell. Es ist vor allem die Unmittelbarkeit des Selbsterlebten, die bis heute hauptsächlich jugendliche Leser anspricht. HESSE selber hat diese Wirkung vorausgesehen, als er 1953 in »Begegnung mit Vergangenem« schrieb:

»Aber, ob geglückt oder nicht, das Buch enthielt doch ein Stück wirklich erlebten und erlittenen Lebens, und solch ein lebendiger Kern vermag zuweilen nach erstaunlich langer Zeit und unter völlig anderen, neuen Umständen wieder wirksam zu werden und etwas von seinen Energien auszustrahlen.«

GW 10. S. 353.

Umschlagbild zu *Unterm Rad* von Günter Wongel
Verlag Volk und Welt, Berlin 1974

ROMAN-
ZEITUNG
292
80 Pf
Hermann
Hesse
Unterm
Rad

IV. Perspektiven der Forschung

Unterm Rad hat in der Forschung wenig Beachtung gefunden. Fast alle Hesse-Forscher begnügen sich mit dem Nachweis von Parallelen zwischen dem Werk und Hesses Biographie – am ausführlichsten finden sich diese Parallelen aufgezeigt in Martin Pfeifers *Hesse-Kommentar zu sämtlichen Werken* – und weisen in diesem Zusammenhang auf die in Wilhelminischer Zeit verbreiteten Schulromane hin; so etwa auch Theodor Karst:

»Parallelen der Erzählung mit Hesses Biographie zeigen, daß er in ihr eine Thematik von großer persönlicher Bedeutung gestaltet. Sie zählt, aber nicht nur unter autobiographischen Gesichtspunkten, zur schulkritischen Literatur. Literaturgeschichtlich gehört das Buch in die Reihe der zu Beginn des 20. Jahrhunderts in Mode gekommenen Schul- und Schülerromane, in denen sensible oder musisch begabte Kinder und Jugendliche von den Erwachsenen nicht verstanden werden und unter dem Druck der schulischen Forderungen zusammenbrechen. Diese Schulgeschichten wollen das Unmenschliche der Lehrer, der Institution Schule bloßstellen; sie klagen an, kritisieren, polemisieren.
Schon in Conrad Ferdinand Meyers *Leiden eines Knaben* (1883) zerbricht ein Schülerleben durch die Schuld der Schule. Auch schon bei Karl Philipp Moritz (*Anton Reiser*, 1785–90), dem ersten großen Darsteller von Kindheit und Jugend, überwiegen die Lehrergestalten, denen es an psychologisch-pädagogischem Einfühlungsvermögen und Verständnis fehlt.
Im Naturalismus (z. B. Arno Holz: *Der erste Schultag*, 1889) ist auch die Schule Thema anklagender Milieustudien. Eine vernichtende Satire der Lehrer und ihrer Pädagogik stellt Frank Wedekinds *Frühlings Erwachen* (1891) dar. Aus der Unzahl der Schulgeschichten, die nach der Jahrhundertwende erscheinen, seien nur einige Beispiele genannt:

Emil Strauß: *Freund Hein* (1902); Heinrich Mann: *Professor Unrat* (1905); Friedrich Huch: *Mao* (1907). Auch die *Verwirrungen des Zöglings Törleß* (1906) von Robert Musil gehören hierher. In diesen Schulromanen, -novellen, -erzählungen ist der Schüler der Hilflose und Einsame, dem die Lehrer, oft grausame und lächerliche Figuren, als Repräsentanten der herrschenden gesellschaftlichen Mächte feindlich gegenüberstehen.
Schule, Lehrer, Schüler, Erziehung – diese Themen nehmen in der Literatur des 20. Jahrhunderts immer wieder eine bevorzugte Stellung ein bis zu Günter Grass' *Katz und Maus* (1961) und Gisela Elsners *Riesenzwerge* (1964).«

Theodor Karst: Kindheit, Jugend, Schule – zum Beispiel Hermann Hesses »Unterm Rad«. In: Gerhard Haas (Hrsg.): Literatur im Unterricht. Stuttgart: Reclam, 1982. S. 32. –

Schon Hugo Ball, Hesses erster Biograph, sieht in *Unterm Rad* vor allem Hesses eigene Jugend geschildert; er hebt die biographischen Parallelen hervor, bemerkt allerdings kritisch eine bewußte Zurückhaltung des Autors, eine »Vorsicht der seelischen Ökonomie«:

»Die Darstellung des Landexamens und der Seminaristenzeit in ›Unterm Rad‹ ist lebensgetreu. Nur heißt der Vater Joseph Giebenrath und ist nicht Missionsprediger, sondern Zwischenhändler und Agent. Nur ist das Erlebnis in einer Art Spaltung der Persönlichkeit, die auch sonst in Hesses Büchern, so im ›Lauscher‹, im ›Demian‹, in ›Klein und Wagner‹ hervortritt, an zwei Freundesgestalten verteilt. Die Flucht des Hermann Heilner aus Maulbronn ist des Dichters eigene Flucht aus dem Seminar. Aber auch die seelischen Wirrnisse und Leiden des zurückbleibenden Hans Giebenrath sind diejenigen des Dichters. Ebenso entspricht die Lehrzeit des Exseminaristen in einer mechanischen Werkstatt den biographischen Tatsachen.«

»Eine gewisse Zaghaftigkeit oder absichtliche Zurückhaltung ist bemerkbar. Geschrieben ist das Buch etwa 1905, in der Bodensee-Zeit. Wenn der Dichter sich ›Hermann Heilner‹ nennt, so spricht sich in diesem Namen ein Verlangen nach Gesundheit, vielleicht ein Bemühen darum aus. Man spürt dem Thema des Buches nach, vergleicht es mit ›Lauscher‹, mit ›Demian‹, mit den Tagebüchern der Mutter und findet dann, daß Hesse offenbar, als er den Roman schrieb, Zurückhaltung übte, sowohl aus Pietät wie aus einer Art Vorsicht der seelischen Ökonomie. Er bemüht sich um Stille und harmlosen Vordergrund; daß er dies aber benötigt, ist für den Lebensweg wichtig.«

Hugo Ball: *Hermann Hesse. Sein Leben und sein Werk*. Frankfurt a. M.: Suhrkamp, 1977. S. 42, 44 f. [Erstausg. Berlin: S. Fischer, 1927.] –

Auch JOSEPH MILECK betont die Entlastungsfunktion der Erzählung:

»Hesse ging es weniger darum, soziale Institutionen bloßzustellen, als darum, sich von schmerzlichen Erinnerungen zu befreien und seinem latenten Ärger Luft zu machen.«

Joseph Mileck: Hermann Hesse. Dichter, Sucher, Bekenner. Biographie. Aus dem Amerik. übers. von Jutta und Theodor A. Knust. München: Bertelsmann, 1979. S. 38. –

Er weist auf die polare Struktur des Werkes hin, die fast allen Romanen Hesses eigen ist:

»Giebenrath ist der verhältnismäßig lenksame und fleißige Bursche, der Hesse in Göppingen und auch in Maulbronn bis zu seinem unerwarteten Weglaufen gewesen war. Aber auch der temperamentvolle und geltungssüchtige Hermann Heilner ist Hesse, besonders der rebellische Hesse von Bad

Boll, Stetten und Cannstatt. [...] Auch Giebenrath ist das, was Hesse war, und Heilner ist das, was er werden mußte, wenn er etwas aus seinem Leben machen wollte. Der Tod des einen und das Überleben des andern waren Hesses symbolische Darstellung einer tatsächlichen Veränderung in seinem Leben. Der hoffnungslose Giebenrath in ihm starb mit Hansens Selbstmord, und der verheißungsvolle Heilner in ihm erschien und ging seinen unabhängigen Weg. Diese doppelte Selbstprojektion in der Gestalt von zwei engen Freunden sollte zu einem üblichen literarischen Kunstgriff in Hesses Prosa werden. Von seinen künftigen Paaren ist der Held fast immer das, was Hesse zu sein glaubte, und der enge Freund fast immer das, was Hesse gern gewesen wäre oder hätte werden müssen, um sich selbst zu verwirklichen. Der Held bleibt konsequent das, was er ist, während sein Freund lediglich das ist, was er selbst gern wäre, oder er wird, was sein Freund darstellt, wenn diese Veränderung für seine Selbstverwirklichung notwendig ist.«

Ebd. S. 38 f.

Mark Boulby (*Hermann Hesse, His Mind and Art*, 1967) sieht in *Unterm Rad* bereits das Widerstandspotential späterer Werke angelegt, wenn er darauf hinweist, daß in der Flucht aus Maulbronn – Hermann Hesses und Hermann Heilners Flucht – in einer extremen Situation äußerster Widerstand zutage tritt und die Suche nach dem »Unbedingten« beginnt, die später der *Steppenwolf* verkörpert. So sieht Boulby in jener Flucht aus Maulbronn eine »exemplarische Begebenheit«, deren symbolische Bedeutung im Überschreiten der Grenzen liegt. Zugleich jedoch beurteilt er die Erzählung *Unterm Rad* als ein sehr angepaßtes Werk, dessen Einsicht in die eigene Psyche im Vergleich mit Hesses späteren Romanen noch recht beschränkt sei.
Bemerkenswert ist Boulbys Beobachtung, daß Hesses Kritik am pietistischen Menschenbild der Eltern und Großel-

tern und der schwäbischen Mystiker, denen er sich verbunden fühlte, in *Unterm Rad* auf den gesellschaftlichen Bereich übertragen wird. Den »natürlichen Menschen« zu zerbrechen, um dem Gläubigen zum Durchbruch zu verhelfen, war einer der Leitgedanken der Pietisten. Seine Übertragung in den sozialen Sektor setzt ein nicht unbeträchtliches satirisches Potential frei: Erzieher und Lehrer wollen den natürlichen Menschen zerbrechen, um den sozial angepaßten Bürger zu erziehen. Diese Welt der rigorosen Normen ist die Welt des Vaters, mit der Hesse sich in seinen Werken wieder und wieder auseinandergesetzt hat. Hier schließt Boulbys Deutung der biographischen Bezüge unmittelbar und ausdrücklich an Hugo Balls Interpretation an.
Die Befreiung aus der Welt des Vaters ist in Hesses Werken verbunden mit der Suche nach der Welt der Mutter, der Erfahrung der Sinne und der Psyche, der Entdeckung des inneren Selbst. Daß Hesses Werke in dieser Zentrierung auf den Werdegang eines einzelnen Helden starke Affinität zum Bildungs- und Entwicklungsroman haben, ist vielfach bemerkt worden. Malte Dahrendorf hat in seiner Studie *Der Entwicklungsroman bei Hermann Hesse* (Hamburg 1954) diese strukturellen Zusammenhänge herausgearbeitet. Speziell für *Unterm Rad* betont THEODOR KARST in einer kurzen Strukturbeschreibung noch einmal diesen Zusammenhang:

»Das ursprünglich ohne Gattungsnennung erschienene Werk wird heute als Erzählung oder als Roman bezeichnet. Für die Zuordnung zum Roman sprechen, bei den ohnehin fließenden Übergängen zwischen beiden Gattungen, einige wesentliche Elemente des Entwicklungs- und Erziehungsromans. Zwar bietet der Handlungsablauf nur einen Lebensabschnitt von etwa einundeinhalb Jahren; dieser Abschnitt ist jedoch gleichzeitig schon die Schlußphase im Leben des etwa 15jährigen Hans. Durch Rückblenden und Erinnerungen werden auch die früheren Epochen dieses Lebens bis in die frühe Kindheit in ihren wesentlichen Elementen so weit verdeutlicht, daß die gesamte Entwicklung des Jungen bis zu seinem frühen Tod in den Blick gerät. Durch den ganz an die Entwicklung der Hauptfigur gebundenen Geschehnisablauf ergibt sich für den Zeitraum der chronologisch kontinuierlichen Erzählung von der Vorbereitung aufs Landexamen bis zu Hansens Tod eine lineare Handlungsstruktur ohne Nebenhandlungen.«

Theodor Karst: Kindheit, Jugend, Schule – zum Beispiel Hermann Hesses »Unterm Rad«. In: Gerhard Haas (Hrsg.): Literatur im Unterricht. Stuttgart: Reclam, 1982. S. 34. –

Daß Hesses *Unterm Rad* nur eine unter zahlreichen Schulgeschichten der Zeit ist, die sich anklagend mit dem rigiden Erziehungssystem der Wilhelminischen Zeit auseinandersetzen, legt Wilfried Gottschalch in seiner Studie *Schülerkrisen, Autoritäre Erziehung, Flucht und Widerstand* (1977) ausführlich dar. Zitate aus Briefen und andere Belege dienen als individuelle und sozialgeschichtliche Dokumente krisenhafter Entwicklungen der Wilhelminischen Zeit.
Bereits Mark Boulby interpretiert die Erzählung im Zusammenhang der deutschen Schulliteratur zwischen 1890 und 1914. Er erinnert daran, daß sich in dieser Zeit die Kinderpsychologie als Wissenschaft etablierte und daß bereits die Naturalisten reges Interesse für die entwicklungsbedingten Kausalitäten der menschlichen Handlungen gezeigt hatten. Daß Hesse mit seinem Plädoyer für die Jugend in seiner Zeit nicht allein stand, betont Boulby mit seinem Hinweis auf Friedrich Nietzsches und Julius Langbehns Kritik an der Übermacht des Intellekts in der Erziehung.
In ihrem Buch *Hermann Hesse und die deutsche Jugendbewegung* weist Christiane Völpel auf den Einfluß hin, den Hesses *Peter Camenzind*, *Unterm Rad* und *Demian* auf die Jugendbewegung ausübten. Seine Zivilisationskritik,

seine Naturverbundenheit, seine Zweifel an überlieferten Bildungsnormen sprachen der Jugend, die sich der Wandervogelidee verschrieben hatte, aus dem Herzen. Kritik an aktuellen Mißständen und die Botschaft von der Autonomie des Ich, seinem Recht auf Selbstverwirklichung machten Hesses frühe Romane so zu bahnbrechenden Werken für eine Jugend, die auf der Suche war nach neuen Idealen und Werten:

»Hesse setzte also genau an dem Punkt seine Kritik an, von dem die Jugend ebenfalls ausgegangen war: dem Erziehungsprozeß in den Schulen, der keinen Raum für eine seelische Entwicklung der Zöglinge ließ. Hesse schreibt dazu in einem bisher unveröffentlichten Brief: ›Es führt zu keinem Ziel, wenn man das zufällige Ich der Sinne tötet, dafür aber das zufällige Ich der Gedanken und Gelehrsamkeit mästet.‹ So lernt Hans Giebenrath bereits in der Schule den Kampf ums Dasein kennen. Die Schule tritt ihm als autonome Macht entgegen, die ihn völlig übergeht, ihn in seiner Person verunsichert und schließlich in Hilflosigkeit zurückläßt, so daß er dieser Art von Autorität nicht zu widerstehen vermag. Die Folge ist, daß er dadurch schließlich erdrückt wird und ›unters Rad‹ gerät. Die Schule, die eigentlich nur eine Station in der Entwicklung darstellt, wird für Giebenrath von vornherein zum Ziel dieser Entwicklung, da sie ihn in ihrem Bann hält, seinen Willen und sein Denken bezwingt und schließlich zum Verlust der Persönlichkeit führt.«

Christiane Völpel: Hermann Hesse und die deutsche Jugendbewegung. Bonn: Bouvier, 1977. S. 205. –

George Wallis Field erinnert in seinem Hesse-Kommentar daran, daß Hesse gegenüber der Erstfassung seiner Erzählung in späteren Ausgaben die Schärfe seines Angriffs gemildert und aus später Rückschau sogar die pädagogische Einrichtung der Klosterschulen rehabilitiert hat. Field zitiert aus einem Brief Hesses an den ehemaligen Ephorus des Klosters Maulbronn, geschrieben etwa 1946: »Es ist mir manchmal ein sympathischer Gedanke, daß inmitten des zerrütteten Deutschland und Europa da und dort solche Zellen des Aufbaus bestehen wie die Klosterschulen« (Field, S. 78). Diese grundsätzliche Ambivalenz zeigt sich bereits im Roman selbst, der zwischen Empörung und Sympathie oszilliert. Folglich bleibt auch der Tod des Jugendlichen bewußt ungedeutet: ob Zwang und Unverständnis seiner Umwelt oder Ich-Schwäche und die Nöte der Pubertät zu Giebenraths Untergang führen, ob er im Rausch den Tod findet oder sich selber das Leben nimmt, wird offen gelassen. G. W. Field bemerkt zu dieser Ambivalenz: »Wie der Leser den Tod deutet, bleibt aber unwichtig, weil das Leben des jungen Hans hoffnungslos geknickt und ohne Zukunft erscheint« (ebd. S. 79).

Joseph Mileck nennt *Unterm Rad* eine »psychologische Studie« und merkt an, daß die Außenwelt hier wie in den meisten Werken Hesses in erster Linie den Hintergrund für das innere Drama abgibt. Kennzeichen dieses inneren Dramas ist das, was Heinz Stolte das »Prinzip der polarischen Spaltung« nennt:

»Wir stoßen mit dieser Beobachtung zur Art der Umsetzung autobiographischen Lebens in poetische Substanz zum ersten Male auf einen Vorgang, der für das epische Schaffen Hesses weithin charakteristisch zu sein scheint und in dem wir geradezu eine Art Prinzip dieses Schaffens zu erblicken haben: was im eigenen Inneren als spannungsvoller Widerspruch, als Polarität eines und desselben Charakters empfunden wird, zerlegt sich im gestalteten Werk in zwei polarisch einander zugleich widersprechende und ergänzende Personen.«

Heinz Stolte: Hermann Hesse. Weltscheu und Lebensliebe. Hamburg: Hansa-Verlag, 1971. S. 44. – Mit Genehmigung von Renate Stolte, Hamburg.

In Hans Giebenrath und Hermann Heilner sind zwei Existenzweisen skizziert, die spannungsvoll einander zugeordnet sind wie Emil Sinclair und Max Demian (*Demian*), Harry Haller und Hermine (*Der Steppenwolf*) oder Narziß und Goldmund im gleichnamigen Roman, um nur die wichtigsten Figuren zu nennen, in denen die polare Spaltung wirksam wird.

Auf ein für Hesses Prosa typisches Strukturelement hat Reso Karalaschwili in seinen Studien über *Hermann Hesses Romanwelt* (1986) hingewiesen: Hesse zieht seine Leser durch einen scheinbar vollkommen realistischen Romananfang in die Welt der Fiktion hinein, konstituiert jedoch zugleich einen Bedeutungsraum, der den sich entwickelnden Konflikt bereits enthält. Oftmals sind Romananfang und -ende so eng aufeinander bezogen, daß vom Schluß her erst die Implikationen der Eingangsszene vollständig einsehbar werden. In *Unterm Rad* spannt sich die Geschichte einer Lebenskrise zwischen der Eingangsszene der Philisterwelt, an der Hans Giebenrath scheitern wird, der Bestätigung durch den Schuster Flaig und dem letzten Blick auf Joseph Giebenrath, dessen Portrait die Erzählung eröffnet hatte.

Unterm Rad wird in der Forschung aufgrund seiner Entstehungszeit fraglos dem Frühwerk zugerechnet, jedoch ohne eine vorgängige Analyse der Sprache, die die Unterschiede zwischen der ästhetizistischen Sprache der Jahrhundertwende in Hesses früher Prosa, der eskapistischen Sprache der Neuromantik in *Peter Camenzind* und der realitätsgerechteren Sprache in *Unterm Rad* beleuchten könnte. Hinweise auf ein gewandeltes Sprachverhalten gibt Joseph Mileck:

»In seiner frühesten Prosa hatte Hesse bereitwillig der Faszination einer schönen Sprache nachgegeben. In *Peter Camenzind* begann er, dieser Verlockung zu widerstehen. In dem Roman *Unterm Rad* überwand er sie fast ganz. Hesse war jetzt zurückhaltender im Umgang mit der Sprache, legte mehr Wert auf gewöhnliche Wörter, auf geläufigere Ausdrücke, weniger raffinierte Redefiguren und auf eine einfachere Syntax.«

Joseph Mileck: Hermann Hesse. Dichter, Sucher, Bekenner. Biographie. Aus dem Amerik. übers. von Jutta und Theodor A. Knust. München: Bertelsmann, 1979. S. 40. –

Mark Boulby dagegen beklagt gerade den Mangel an lyrischem Ausdruck, der *Peter Camenzind* seine Leuchtkraft gibt: lyrische Einlagen, Bilder visualisierter Erinnerung, Elemente sinnlich-intuitiver Erfahrung. Die wenigen Spuren poetischer Sprachkraft verlieren sich fast im Dickicht der Polemik. Den Eindruck beinahe journalistischer Banalität vermögen nach Boulby auch die gelegentlichen schwülstig neuromantischen Sprachschnörkel nicht zu mildern. Für Boulby ist *Unterm Rad* deshalb als Kunstwerk insgesamt enttäuschend.
Den Ursachen für die in großen zeitlichen Abständen immer wieder aufflammende Hesse-Begeisterung spürt EBERHARD LÄMMERT in seinem Vortrag »Hermann Hesse – Einzelgänger für Millionen« (1977) nach. In Hesses Versuch der Nicht-Anpassung, seiner Abwehr jeglicher Normierung, sieht er die Faszination des Autors vor allem für jugendliche Leser. Lämmerts Argumentation, daß Verweigerung und Nicht-Anpassung jedoch durchaus einem »konservativen«, erhaltenden Wertekanon entstammen, weist dem Außenseiter Hermann Hesse seinen Platz im gesellschaftlichen Gefüge seiner Zeit zu:

»Nicht-gehorchen, Protest, rebellisches Situationsverhalten – erstaunlicherweise hat man bisher so gut wie nicht den Umstand bemerkt, daß bei Hesse, und jedenfalls auch bei den Jugendlichen um 1900 wie nach 1945, *eine* alte Norm unangetastet, ja mit äußerster Sorgfalt gehütet blieb, jene Norm nämlich, die zugleich die Idealnorm bürgerlichen Lebensverhaltens ist: ›Sei ein unverwechselbares Individuum!‹ Die Verpflichtung auf Nichtgehorchen und die ganze Kette von der Schulflucht bis zum Privathaus mit dem Besucherverbot und der Abwehr aller Vereinnahmung durch öffentliche Feierlichkeiten, bei gleichzeitiger Pflege einer immensen Korrespondenz zum privat-persönlichen Umgang mit der eigenen Lesergemeinde – das sind allesamt Charakteristika eines Lebensplans, zu dem die bürgerliche Neuzeit die Idee vorgegeben hat: die Idee der autonomen Persönlichkeit, ausgestattet mit unbestechlicher Selbstverantwortung und kreativen Fähigkeiten zur Selbstverwirklichung, kurzum – das Idol des Privatmanns, der allenfalls durch Zivilcourage den politischen Kräften verbunden oder konfrontiert ist.«

Eberhard Lämmert: Hermann Hesse – Einzelgänger für Millionen. In: Jahrbuch der Deutschen Schillergesellschaft 21 (1977). S. 539 f. – Mit Genehmigung von Eberhard Lämmert, Berlin.

V. Beziehungen zu anderen Werken Hesses

»Beinahe alle Prosadichtungen, die ich geschrieben habe, sind Seelenbiographien, in allen handelt es sich nicht um Geschichten, Verwicklungen und Spannungen, sondern sie sind im Grunde Monologe, in denen eine einzige Person, eben jene mythische Figur, in ihren Beziehungen zur Welt und zum eigenen Ich betrachtet wird. [...] Für mich ist der ›Knulp‹ und der ›Demian‹, der ›Siddhartha‹, der ›Klingsor‹ und der ›Steppenwolf‹ oder ›Goldmund‹ jeder ein Bruder des andern, jeder eine Variation meines Themas« (GW 11, S. 81, 85).

Auch Hans Giebenraths Leidensgeschichte ist eine solche Variation des einen Themas. Hesses Helden können »alle als eine Verteidigung (zuweilen auch als Notschrei) der Persönlichkeit, des Individuums gedeutet werden« (GW 11, S. 13). Die Suche nach der eigenen Identität gewinnt besondere Dringlichkeit in der Jugend. Gerade in der Pubertät werden dem jungen Menschen die Autoritäten fragwürdig und die überkommenen Werte und Normen zweifelhaft. Wie Hans Giebenrath so sucht auch Emil Sinclair in Hesses 1919 erschienenem Roman *Demian – die Geschichte von Emil Sinclairs Jugend* nach einer Ich-Identität, die seine gegensätzlichen Erfahrungen umschließt. Die äußere Welt erscheint ihm durch unvereinbare Gegensätze geprägt, in sich selber entdeckt er ebenso widersprüchliche beängstigende Impulse, die seiner bisherigen Selbsteinschätzung und den anerzogenen Normen seiner Umwelt zuwiderlaufen. In der Begegnung mit Max Demian gelingt Sinclair die Entfaltung seines Selbst. Wie dem jungen Hans Giebenrath in seinem Freund Hermann Heilner ein ungelebter Teil seiner selbst entgegentritt, verlockend und bedrohlich, so verkörpert auch Max Demian Sinclairs verleugnete und unterdrückte Möglichkeiten, die ihn faszinieren und ebenso abschrecken, da sie die notwendige Veränderung der Seelenstruktur ankündigen. Während Sinclair sich durch die Auseinandersetzung mit Demian und den Prozeß der Ich-Erweiterung dem in Demian gestalteten Idealbild des in der Einheit der Gegensätze gegründeten Ich nähert, trennen sich Hans Giebenraths und Hermann Heilners Wege unwiderruflich. In Heilner wird lediglich die Möglichkeit einer Konfliktlösung aufgewiesen, werden die Bedingungen genannt, unter denen der Jugendliche die Kraft aufbringen kann, gegen eine unterdrückende Erziehung und eine verständnislose Umwelt zu rebellieren. Zugleich jedoch erscheint Hans Giebenrath im Kontrast der Lebensläufe um so hoffnungsloser zum Scheitern verurteilt.

Die Begegnung mit Hermann Heilner wird durch die Kinderfreundschaft mit Hermann Rechtenheil schon durch die Namensähnlichkeit vorausgedeutet. Auch Emma, die junge Heilbronnerin, der Hans Giebenraths erste Liebe gilt, hat eine Vorgängerin gleichen Namens, die der Zwölfjährige nur aus der Ferne zu verehren wagte. Diese Präfiguration ist ein in Hesses Prosa immer wiederkehrendes Strukturelement. Eine wichtige Einflußfigur im Leben des Helden wird durch eine Gestalt der frühen Kindheit oder Jugend vorgebildet. Unbewußt prägt die Erinnerung an sie die spätere Begegnung. Ähnliche Erfahrungen begegnen uns in Hesses *Steppenwolf*: Harry Haller fühlt sich in seiner Beziehung zu Hermine wiederholt an seinen Jugendfreund Hermann erinnert, während Hermines androgyne Existenz diese Wahrnehmung innerer Verwandtschaft verstärkt.

Die Aufspaltung einer Gestalt in zwei gegensätzliche Romanfiguren begegnet in Hesses Werken immer wieder, um einen psychischen Prozeß sichtbar zur Darstellung zu bringen. Besonders eindrucksvoll verwirklicht sich dieses »Prinzip der polaren Spaltung« in seinen Romanen *Demian* und *Der Steppenwolf*. Die Romanfiguren werden einander zu Spiegeln ihrer selbst, so daß Innenwelt und Außenwelt weitgehend miteinander verschmelzen. Jedes äußere Ereignis korrespondiert einer inneren Entwicklung, so daß die

Romane im wörtlichen Sinne zu »Seelenbiographien« werden.

Auch in der 1919 erschienenen Novelle *Klein und Wagner* erblickt der Beamte Friedrich Klein das Verbrechergesicht Wagners, seines »üblen Schattens«, denn »Wagner war der Mörder und Gejagte in ihm [...] Wagner war der Sammelname für alles Unterdrückte, Untergesunkene, zu kurz Gekommene in dem ehemaligen Beamten Friedrich Klein« (GW 5, S. 267).

Der Polarität der Figuren entspricht in *Unterm Rad* eine Polarität der Räume. Schon als Kind erlebt Hans fasziniert die Abenteuer und »schmerzhaft köstlichen Schauder« im »Falken« und in der unheimlichen Gerberei. Sie stehen in krassem Gegensatz zu seinem gutbürgerlichen Elternhaus in der Gerbergasse. Krasser erfährt Emil Sinclair die Polarität der »zwei Welten«, der »hellen« geordneten Welt des Elternhauses und der »dunklen« gefährlichen und verlockenden Welt der Abenteuer, Leidenschaften und Gesetzesübertretungen. Im *Demian* ist die kontrastierende Gestaltung oft vom Schematismus bedroht. Eine weitgehend ortlose Handlung, die fast völlig auf Anschaulichkeit verzichtet, gestaltet im Auseinanderfallen der Gegensätze, das bis in die Sprache hinein wirkt, den Lebenskonflikt der Hauptfigur. Auch Hesses späterer Roman *Der Steppenwolf* entgeht diesem Schematismus nicht: Hier ist es der Gegensatz zwischen dem auf seiner scheinbaren Identität beharrenden Einzelnen und den vielgestaltigen Erfahrungen und Anforderungen, die die eigene Zeit und die zur Wahrnehmung ihrer eigenen Vielfalt erwachende Psyche stellen.

Einer der tragenden Gegensätze in *Unterm Rad*: die Natur als Fluchtraum und die Gesellschaft als Ort der Entfremdung, strukturiert auch Hesses frühen Erfolgsroman *Peter Camenzind*. Der Held dieses »Bildungsromans« verläßt die heimatliche Welt der Berge, um als Schriftsteller sein Glück zu finden. Sich bescheidend kehrt er nach manchem Mißerfolg schließlich in sein Heimatdorf zurück. Peter Camenzinds neuromantischer Eskapismus, seine Abkehr von der modernen zivilisierten Welt, führt zur Flucht in die Natur. Hier erscheint Natur noch als intakte Idylle und als Freiraum für den einzelnen Menschen. Die Polarisierung von städtischer Zivilisation und ländlicher Kultur beruht auf einer einseitigen anachronistischen Verherrlichung des natürlichen Lebens, das bereits zu Hesses Zeit keine reale Alternative zur modernen Zivilisation mehr war. Natur wird so zum Fluchtpunkt gesellschaftlicher Sehnsüchte, die im städtischen Getriebe untergehen.

Hesses Unbehagen an der modernen Zivilisation teilte er mit vielen seiner Zeitgenossen, die sich aus einer unbefriedigenden Gegenwart in eine idealisierte Vergangenheit einerseits und eine zum Stimmungsträger reduzierte Natur andererseits zurückzogen. In seiner Weltferne und Weltfremdheit ist Peter Camenzind der »Anti-Moderne-Typ par excellence« (Reinhild Schwede, *Wilhelminische Neuromantik – Flucht oder Zuflucht?*, Frankfurt a. M. 1987, S. 137). Seine Begegnung mit der zeitgenössischen Realität, vor allem der städtischen Sphäre, trägt ausschließlich negative Züge, seine Rückkehr in die Heimat allerdings ist geprägt von Resignation. Wie Hans Giebenrath jedoch erhält er durch seinen Rückzug in die Natur neue Kraft. Der Dualismus von moderner Zivilisation und unbeschädigter Natur strukturiert den gesamten Roman, jedoch entspringt das Naturgefühl schon hier wie auch später in *Unterm Rad* nicht mehr der Einheit mit der Natur, sondern der Sehnsucht nach ihr.

Mehr und mehr erscheint die Natur in Hesses späteren Werken stilisiert. Bereits im *Demian* gibt es kaum noch atmosphärische Naturbilder, sondern überwiegend metaphorisch aufgeladene Naturerscheinungen. So wird das Gewitter, in das Sinclair gerät, bevor ihn die Nachricht vom Ausbruch des Krieges erreicht, für ihn zum Vorboten des Schicksals. Eine symbolische Landschaft wird von Sturm, prasselndem Regen und krachendem Donner erschüttert und leuchtet »fahl und unwirklich« im Anbruch einer neuen Zeit:

»Ich ging und lief von Haus und Stadt hinweg gegen die Berge, der schräge dünne Regen kam mir entgegen, die Wolken trieben niedrig unter schwerem Druck wie in Angst vorüber. Unten ging kaum ein Wind, in der Höhe schien es zu stürmen, mehrmals brach für Augenblicke die Sonne bleich und grell aus dem stählernen Wolkengrau.
Da kam über den Himmel weg eine lockere gelbe Wolke getrieben, sie staute sich gegen die graue Wand, und der Wind formte in wenigen Sekunden aus dem Gelben und dem Blauen ein Bild, einen riesengroßen Vogel, der sich aus blauem Wirwarr losriß und mit weiten Flügelschlägen in den Himmel hinein verschwand. Dann wurde der Sturm hörbar, und Regen prasselte mit Hagel vermischt herab. Ein kurzer, unwahrscheinlich und schreckhaft tönender Donner krachte über der gepeitschten Landschaft, gleich darauf brach wieder ein Sonnenblick durch, und auf den nahen Bergen überm braunen Wald leuchtete fahl und unwirklich der bleiche Schnee.«

GW 5. S. 151.

VI. Emil Strauß' *Freund Hein*: das Paradigma der modernen Schülertragödie

Emil Strauß' Roman *Freund Hein*, erschienen 1902 im S. Fischer Verlag in Berlin, war der erste literarische Text, der, vom zeitgenössischen Publikum begeistert aufgenommen, den Konflikt des begabten Jugendlichen schilderte, der an einer rigiden Erziehung und einer verständnislosen Umwelt scheitert. Wie Hesse deutet auch Emil Strauß in seinem Romantitel bereits das Schicksal des Jugendlichen voraus: Heinrich heißt der Junge, dessen kurze Lebensgeschichte dargestellt wird; »Freund Hein« jedoch ist zugleich eine euphemistische Benennung des Todes.

Der Roman erzählt vom Scheitern des musikalisch-künstlerisch begabten Gymnasiasten Heinrich Lindner an den Anforderungen der Schule und des Elternhauses. Sein karrierebewußter, nüchterner Vater, der selber unter Opfern der Musik entsagt hat, verlangt von seinem sensiblen, leidenschaftlich der Musik ergebenen Sohn die unbedingte Erfüllung der in ihn gesetzten Erwartungen.

Obwohl Heinrich trotz intensiven Bemühens das Klassenziel bereits zum zweiten Mal nicht erreicht, beharrt der Vater auf der Reifeprüfung als Grundlage für ein geordnetes bürgerliches Leben. Weder seine Jugendfreundin Helene, der er sich in den Erfahrungen der ersten Liebe sowohl zugetan als auch scheu entfremdet fühlt, kann ihm helfen noch sein Dichterfreund Karl Notwang, der den Unterricht mit Leichtigkeit bewältigt, sich dem Schulzwang entziehen kann und Heinrichs Not als einziger mitfühlend versteht.

Als Heinrich weder im Elternhaus noch in der Schule Verständnis für sein Künstlertum findet, nimmt er sich das Leben. Sein Tod steht wie Hans Giebenraths Scheitern unter dem doppelten Zeichen des gesellschaftlichen Zwanges ei-

nerseits und der Lebensschwäche des begabten empfindsamen Außenseiters andererseits.
Den Konflikt zwischen seiner Künstlernatur und den Anforderungen der Schule demonstriert eine ironische Beschreibung der schulischen Homerlektüre:

»Er nahm sogar Nachhilfeunterricht, obschon er ihn für zwecklos hielt. Er brachte eben in die Schule einen mehr und mehr schulwidrigen Kopf mit: las man Homer, so war seine Phanstasie erfüllt von der griechischen Heroenwelt, so horchte er auf den Geist und schaute auf die Schönheit des Gedichtes, rhapsodierte stürmisch über μεν und δε und noch wichtigere Partikeln hinweg, achtete nicht auf die tiefe Bedeutung des Participii Perfecti, kurz, er vergaß vollständig, daß Homer vor allem dazu gedichtet habe, um dem germanischen Jüngling mit jedem Worte die Anwendung einer grammatikalischen Regel und die Eigentümlichkeiten des jonischen Dialektes zu zeigen. Seine griechischen Stilübungen fielen immer mehr so aus, daß der Professor eines Tages bei Rückgabe der Hefte den niedlichen Witz machte, Heiners griechischen Leistungen erginge es wie dem Pharao, als er den Juden nachsetzte, sie ersöffen im Roten Meer. Im Vergleich zu seiner mathematischen Müh und Pein aber erschienen ihm nicht nur die zwölf Arbeiten des Herakles, sondern auch die des Sisyphos, der Danaiden und die Qual des Tantalos als kleine Schikanen, die wenigstens verdient waren; während ihm unerklärlich blieb, wodurch er sich diese Schinderei auf den Hals gezogen habe, es sei denn durch das Vorhandensein, durch das Leben schlechtweg. In Quarta hatte er ja als Beispiel für den Dativus commodi auswendig lernen müssen: ›Non scholae, sed vitae discimus: nicht für die Schule, sondern für das Leben lernt man!‹ Dieses Sätzchen fiel ihm manchmal ein und klang ihm immer orakelhafter: was mochte mit den paar ›vita‹ oder ›Leben‹ ausgesprochenen Buchstaben geheimnisvoll verdeckt oder betrügerisch etikettiert sein, Unheimliches, Bösartiges, das man mit mathematischen Formeln und Lehrsätzen versöhnen mußte!«

Emil Strauß: *Freund Hein. Eine Lebensgeschichte.* Stuttgart: Reclam, 1995. (Universal-Bibliothek. Nr. 9367.) S. 93 f. – © 1982 Jürgen Schweier Verlag, Kirchheim / Teck.

Sein schulisches Ungenügen und die Mißachtung seiner Bedürfnisse treibt ihn nach und nach in die Isolation:

»Daß man einen Menschen gerade mit dem füttert, was sein Organismus am wenigsten verlangt und erträgt, zu diesem bösen Spiel möglichst gute Miene zu machen, hatte er sich von Untertertia an weidlich geübt; aber ein böses Spiel blieb es doch. Der Stoff blieb ein widerspenstiger und quälender Fremdstoff in seinem Hirn, und der geistige Zwang, vermöge dessen er ihn dort hinein preßte, drückte langsam, erst unmerklich, mit der Zeit fühlbarer auf sein Gemüt. Seine von jeher ernste, stillfrohe, in ihrem eigentlichsten Leben aber leidenschaftliche Natur fing an, im Verkehr mit andern schwerfälliger zu werden, halb aus Mangel an Frohsinn und Lust, halb aus Scheu vor schmerzlicher Berührung. Den Kameraden gegenüber, die sich in derber Unbekümmertheit ihre Schuljahre um die Ohren schlugen, fühlte er sich zu kurz gekommen, benachteiligt; mit ungleichen Waffen fechten, vor jedem nüchternen, kaltsinnigen Bübchen, deren dreizehn auf ein Dutzend gehen, als ein Simpel dastehen zu müssen, das verwundete ihn, so sicher er des Gottes in seiner Brust war, mit der Zeit doch immer mehr, und wenn er einmal durch grobe Behandlung in sich zurückgeschreckt worden, ging er lange nicht mehr aus sich heraus. Schädigte er dadurch sich selbst, so tat er den Mitschülern insofern unrecht, als sie in ihrer Harmlosigkeit gewiß nicht daran dachten, den stillen, immer gefälligen, vernünftigen Kameraden, vor dessen sonstigen Talenten sie sogar besonderen Respekt hatten, mit Wort oder Tat zu kränken. Sie waren gesundes, lautes Blut, und er stieß sich an ihnen, und ihre Gesundheit tat ihm weh, wie die Sonne den kranken Augen.«

Ebd. S. 117 f.

Da Heinrich Lindner sich jedoch den Anforderungen der Schule und des Elternhauses nicht ernsthaft widersetzen kann, ist ihm auch der Weg der oberflächlichen Anpassung und Täuschung, den sein Freund Karl Notwang ihm anbietet, versperrt:

»›[...] Im übrigen aber – wie ich schon gesagt habe: wenn ich so verfahren könnte, würde ich es tun. Gewiß verstehe ich die Notwendigkeit meines Schulzwanges nicht und sträube mich bei mir oft genug gegen ihn; aber ich begreife vieles nicht, was ich so täglich sehe und erlebe und worüber sich sonst kein Mensch wundert! Darum verlasse ich mich auf den Blick und die Erfahrung meines Vaters. Vielleicht sage ich in fünf Jahren: Gott sei Dank, daß ich ihm gefolgt habe! Und – – – noch etwas!‹
Er stand auf, ging nachdenklich durch die Stube und setzte sich wieder.
›Gerade hier an diesem Platze ist mir manchmal schon Seltsames begegnet. Wenn ich bei der Arbeit saß, Mathematik, Geschichte, was es war, so hat mich plötzlich irgendeine unvermerkte Beziehung musikalisch erregt, so daß ich unwillkürlich die Arbeit vergaß und horchte: ich verlor vollständig das Gefühl meiner körperlichen Gegenwart, sah nichts, hörte nichts Äußeres, lauschte der Musik, die es da drinnen machte oder die durch mich ging, und genoß sie mit der Feinheit und Klarheit und einer Entzückung, wie ich sonst auch das Herrlichste von Beethoven oder Schubert niemals genossen habe. [...] Und wenn ich dann wieder meiner selbst inne werde und sehe, daß ich Arme und Beine habe, daß ich am Tisch sitze und daß es Mathematikbücher gibt, so ist mir all dies unwahrscheinlich, und ich zweifle an dem,

was ich sehe: was sollte es denn? Und der Gedanke an die Not und den Druck des Lebens erscheint mir törichte Einbildung. Ich bewege mich dann behutsam und ängstlich, als schritt ich auf dem dünnsten Eise, als dürfte ich nichts anrühren, sonst müßt' es zergehen, und ich verliere dann immer auf lange hin jede Zuversicht, über die Dinge zu urteilen; nicht jedoch, als ob ich solchen Respekt vor ihnen hätte, sie erscheinen mir im Gegenteil so seltsam belanglos. Weil ich all dies nicht brauche und doch darin lebe, sogar darauf angewiesen bin, darum fehlt mir der Maßstab. Ich begreife es nicht. Ich kann mich nur an mich halten, an meine Antriebe und an mein Gewissen, und auf diese Weise versuche ich zu leisten, was man von mir verlangt, und was ich den Umständen gemäß halt nicht verweigern kann. Wenn ich mich verleiten ließe oder zwänge, gegen mein Gefühl und Gewissen einen Vorteil zu suchen – – – ich kann mich darein nicht denken; ich könnte mich ja nicht mehr unterstehen, eine Sonate von Beethoven zu spielen!«

Ebd. S. 134 f.

Trotz seiner künstlerischen Begabung aber fühlt er sich dem lebenstüchtigen Freund unterlegen:
»Heiner saß noch eine Zeitlang da und schaute in die Kerzenflamme. So sehr er sich im Gespräch auf sich selbst gestellt und gegen das Fremde gewehrt hatte, er fühlte sich verwirrt. Er bewunderte diese stürmische, trotzig lachende, unverwundbare Kraft, die sich ohne Scheu und Ekel nicht nur durch dick und dünn, sondern durch den Kot wagte, in dem hellen Bewußtsein, daß sie sich nachher nur zu schütteln brauchte, um sich wieder rein zu fühlen, ja, die so gepanzert war, daß überhaupt nichts Schädigendes zu ihrem Herzen hindurchzudringen schien! Dieses Lachen der lichtvollen Augen, der schimmernden Zähne, des festen, schlanken Gesichtes mit der blutroten Narbe, das unbändige, dichtbuschige blonde Haar, die sichere, männlich tiefe

Stimme, deren Dröhnen in der Erregung das Zimmer erfüllte – alles sah und hörte und fühlte er noch einmal, sein Herz hob sich in Freude und Staunen und in Sehnsucht nach solcher Stärke, und es war ihm einen Moment lang, als müßte er diesem Vorbild nachstürmen wie einem Fahnenträger in die Schlacht. Dann aber drängte sich sein eigenes Gefühl wieder empor, das solchem allem widerstand, und er fing an zu vergleichen, zu urteilen, an sich zu mäkeln, sein Fühlen schwächlich und zimperlich, seinen Willen wachsweich, seine Lebens- und Widerstandskraft marklos zu finden – und mit einem Male schien ihm alles, was er besaß und bisher wachsen gefühlt, wertlos und fraglich, sein Streben und seine Hoffnung töricht und aussichtslos, sein ganzes Dasein nichtig, blutlos, schattenhaft, nicht nur unfähig bis zur Ohnmacht, auch unberechtigt und unwürdig, durch den Wust der Hindernisse durchzudringen, aufzutauchen und sich zu entfalten.«

Ebd. S. 137 f.

Heiners Vater erscheint zwar als nüchterner Realist, der das Recht des Sohnes auf Selbstbestimmung nicht anerkennt, jedoch seine Argumente haben Gewicht, und seine Erziehung folgt durchaus überlegten Grundsätzen:

»›Ich habe dir vor ein paar Jahren unter der Bedingung, daß du das Gymnasium absolvierst, zugestanden, Musiker zu werden. Ich hätte es gerne anders gesehen, aber ich mag dich schließlich nicht zu einem Berufe zwingen. Jeder wird von einem andern, eigenen Geiste getrieben, nach seiner Kraft zu Kleinem oder Großem, dazwischenzufahren wäre ein Frevel, der sich rächen müßte. Dagegen habe ich aber die Pflicht, dich auf dem Weg zu deinem Berufe so lange zu leiten, zu halten, zu zwingen, als du noch nicht die reife Kraft hast, dich selbst zu halten und zu zwingen. Was willst du ohne Selbstzucht im Leben? Wenn du im Konzert plötzlich zu spielen aufhören, das Publikum freundlich anlachen und sagen wolltest: ‚Geht nur wieder heim, ich bin heut nicht aufgelegt!' oder als Kapellmeister gleich wieder den Taktstock niederlegen und sagen wolltest: ‚Wir führen es morgen auf, falls ich dann besser dabei bin!' – Wie denkst du dir das?‹

›Das wäre nicht zu befürchten!‹ sagte Heiner. ›Wenn dergleichen jetzt einmal vorkommt, so liegt es einerseits an meiner technischen Unfertigkeit, die mich befangen und scheu macht, und andererseits an meiner Schulmisere, die mir jede Stimmung und Lust zerfrißt.‹

›Möglich!‹ erwiderte der Vater achselzuckend. ›Aber eine gewisse Unfertigkeit wird wohl jedem bis zu Ende bleiben, irgendwo fängt bei jedem Menschen die Ohnmacht an. Und dann – hoffst du wirklich, in deinem künftigen Leben ohne Misere durchzukommen?! Wünschst du so etwas überhaupt? Bist du noch so dumm und eingebildet? Sei doch überzeugt, daß kein gesunder, anständiger Mensch denkbar ist, der das Recht hätte, ohne sogenannte Misere durchzukommen!‹

›So hab' ich es nicht gemeint, ich fühle nur, daß ich ein anderer Mensch sein werde, sobald ich in meinem Element bin.‹

›Gut, so eile dich, hineinzukommen! Du weißt, daß du von mir jede Hilfe verlangen kannst, Privatunterricht, was du nur willst! Du sagst, du kannst nicht; die andern können doch und sind auch nicht lauter Lumina mundi. Daß du kein sehr guter Mathematiker sein kannst, glaub' ich ja von jeher, denn sonst wärst du kein so schlechter; daß du aber nicht das Nötigste solltest bewältigen können, das will mir nicht ein. Ich glaube doch auch, du arbeitest nicht mit dem rechten Geist, nicht mit Sammlung; wenn du eine oder anderthalb Stunden musiziert hast, so ist dir der Kopf voll Musik, und die Stereometrie muß natürlich zu kurz kommen. Ich erwarte nun von dir, daß du im nächsten Vierteljahr an Schultagen keine Saite anrührst und keine Taste!‹«

Ebd. S. 142 f.

Als Heiner feststellt, daß er zum zweiten Mal das Klassenziel nicht erreichen wird, versucht er noch einmal, den Vater umzustimmen:

»Der Vater sah ihn betrübt an, schüttelte langsam den Kopf und schritt stumm hin und her. Heiner empfand das sorgenvolle Mitgefühl seines Vaters und sprach nach einer Pause, in der Hoffnung, dieser Augenblick sei für eine Lösung günstig:
›Vater, mir ist, als könnt' ich auf dem Gymnasium nicht mehr viel holen, außer eben dem Abiturientenzeugnis, das ich nicht nötig habe; das aber würde gewiß noch drei Jahre kosten, eine Ewigkeit! eine Ewigkeit! Kein Mensch könnte verschwenderischer mit seinen Jahren umgehen!‹
Der Vater blieb stehen und sagte kopfschüttelnd:
›Verschwendung? Verschwendung?! Lieber Sohn, der Wert der Arbeit und des Jahres liegt nicht im unmittelbaren äußeren Erfolg, sondern in dem, was durch die Arbeit und die Erfahrung an dir, deinem seelischen Teil und Charakter gereift und gefördert wird. Die künstlerische Reifung setzt eine menschliche Reife voraus, die aber kann dir nicht auf dem Klavierstuhl oder am Notenpult kommen, sondern nur im Kampfe deines Willens mit dem des Schicksals, mit der Notwendigkeit, mit der Härte des Lebens – wie du sagen willst. Für dich mit deiner Neigung, dich abzuschließen, dich einzukapseln und nur auf das dir Wesensverwandte einzugehen, ist vielleicht nichts besser als diese harte Zucht der Gymnasialzeit, und in diesem Betracht scheint es mir kurzsichtig, die Zahl der Jahre anschlagen zu wollen!‹«

Ebd. S. 164.

Bereits zum Tode entschlossen überdenkt Heiner noch einmal sein Vorhaben. Dabei sieht auch er sich als ein Gescheiterter, der »unters Rad« zu kommen droht:

»Einmal kam ihn der Jammer um die Eltern hart an. Die arme Mutter! Aber was half da! Würde es natürlicher sein, wenn ihn ein Ziegel erschlüge oder der Typhus wegraffte? Ist Gottes Wille im Ziegel und im Typhus – warum nicht auch in mir?! Wäre es für sie nicht zehnmal schlimmer, ansehen zu müssen, wie mir nach und nach alle Räder über den lebendigen Leib gehen?! Vielleicht träumt sie heute nacht, wie wohl mir ist!«

Ebd. S. 188 f.

Während Heiner seine letzte Nacht im Wald zubringt, öffnet Karl Notwang Heiners Vater mit schonungslosen Worten die Augen:

»›Was soll das überhaupt! Den Heiner auf diese fürchterliche Gymnasialfolter zu spannen! Habt ihr nicht genug in Stadt und Land, die sich den Beruf ausknobeln oder mit Hälmchen ziehen lassen, aus denen ihr machen könnt, was ihr wollt, ohne Widerstand, einen Schuster oder einen Bierbrauer oder einen Ministerialrat, je nachdem ihr Geld und Konnexionen daran zu wenden habt! Wenn nun einmal ein Kind kommt, dem sein Beruf aus allen Poren dringt, weil ihm Gott selbst ihn ganz unmittelbar mit seinem Blute gab, dann laßt in Dreiteufelsnamen die Finger davon und bedenkt, daß dieses Kind der Natur und den ewigen Gesetzen, kurz, dem Herrgott näher steht als ihr! Daß ihr es aus der Flugbahn, in die Gott es warf, nicht herausdrängen könnt, ja nicht einmal aufhalten könnt, ohne daß es zugrunde geht! [. . .]‹«

»›[. . .] Also vorneweg, um einen Schlingel handelt es sich nicht, sondern um Heiner. Seine Erziehung hat Ihnen gewiß nicht Sorge gemacht, sondern nur die Schule, und das ist Ihr Verdienst. Gott sagt zu Heiner: Du sollst mir singen, sollst mir die schweren Herzen auf der Erde leicht machen und die leichten schwer! Und Sie sagen: Nein, du mußt mir mit Logarithmen rechnen und Gleichungen mit mehreren Unbekannten lösen! – Von der Vermessenheit abgesehen, hat das irgend Verstand? Sie verlangen doch auch nicht von jeder Amsel, sie soll den Göpel ziehen. – Ist Heiner jemals letz herumgegangen?! Was wollen Sie denn da noch mit Zucht? Er hat sie ja von Natur. Wenn sein Wesen aber Schaden genommen, eine Trübung erlitten hätte bei solcher Mißhandlung – wär's ein Wunder? Wer dürft's ihm verargen?! Müssen Sie nicht wissen, seit er lebt, daß sein Charakter vom feinsten, klarsten, sprödesten Kristall ist! Wenn Heiner sagt: ‚Ich kann nicht!' so hat er schon mehr getan, als zu verantworten ist! Beim ersten Blick in seine Augen hab' ich mich schuldig gefühlt und hab' gewußt, daß dieser Mensch kein unwahres Wort denkt! – Der Teufel hole euch alle mit eurem besten Wissen und Gewissen, wenn ihr nicht einen Funken von Gefühl habt für die Unantastbarkeit der reinen Natur!«

Ebd. S. 192; 194.

VII. Literaturhinweise

Abgekürzt zitierte Titel:

GB Hermann Hesse: Gesammelte Briefe. In Zsarb. mit Heiner Hesse hrsg. von Ursula und Volker Michels. 4 Bde. Frankfurt a. M.: Suhrkamp, 1973–86.

GW Hermann Hesse: Gesammelte Werke in zwölf Bänden. Frankfurt a. M.: Suhrkamp, 1987. (suhrkamp taschenbuch. 1600.)

KuJ Hesse, Ninon (Hrsg.): Kindheit und Jugend vor Neunzehnhundert. Hermann Hesse in Briefen und Lebenszeugnissen. Bd. 1: 1877–1895. Frankfurt a. M.: Suhrkamp, 1966. Bd. 2: 1895–1900. Fortges. und erw. von Gerhard Kirchhoff. Ebd. 1978.

Hsia Hsia, Adrian (Hrsg.): Hermann Hesse im Spiegel der zeitgenössischen Kritik. Bern / München: Francke, 1975.

1. Ausgaben

Hermann Hesse: Unterm Rad. Berlin: S. Fischer, 1906. [Erstausgabe.]

– Gesammelte Schriften. 7 Bde. Frankfurt a. M.: Suhrkamp, 1957. [»Unterm Rad« in Bd. 1, S. 373–546.]

– Gesammelte Werke in zwölf Bänden. Frankfurt a. M.: Suhrkamp, 1970. (werkausgabe edition suhrkamp.) [»Unterm Rad« in Bd. 2, S. 5–178.]

– Gesammelte Werke in zwölf Bänden. Frankfurt a. M.: Suhrkamp, 1987. (suhrkamp taschenbuch. 1600.) [»Unterm Rad« in Bd. 2, S. 5–178.]

– Unterm Rad. Frankfurt a. M.: Suhrkamp, 1972 [u. ö.]. (suhrkamp taschenbuch. 52.)

Hesse, Ninon (Hrsg.): Kindheit und Jugend vor Neunzehnhundert. Hermann Hesse in Briefen und Lebenszeugnissen. Bd. 1: 1877 bis 1895. Frankfurt a. M.: Suhrkamp, 1966. Bd. 2: 1895–1900. Fortges. und erw. von Gerhard Kirchhoff. Ebd. 1978.

Hermann Hesse: Gesammelte Briefe. In Zsarb. mit Heiner Hesse hrsg. von Ursula und Volker Michels. 4 Bde. Frankfurt a. M.: Suhrkamp, 1973–86.

2. Bibliographien

Waibler, Helmut: Hermann Hesse. Eine Bibliographie der Werke über Hermann Hesse. Bern / München 1962.
Bareiss, Otto: Hermann Hesse. Eine Bibliographie der Werke über Hermann Hesse. 2 Tle. Basel 1962–64.
Pfeifer, Martin: Hermann-Hesse-Literatur. Jg. 1 ff. Hanau 1964 ff.
– Hermann-Hesse-Bibliographie. Primär- und Sekundärschrifttum in Auswahl. Berlin 1973.
Mileck, Joseph: Hermann Hesse. Biography and bibliography. 2 Bde. Berkeley [u. a.] 1977.

3. Forschungsliteratur

Ball, Hugo: Hermann Hesse. Sein Leben und sein Werk. Berlin 1927. – Taschenbuchausg.: Frankfurt a. M. 1977.
Boulby, Mark: Hermann Hesse. His Mind and Art. Ithaca (N. Y.) 1967.
Esselborn-Krumbiegel, Helga: Hermann Hesse. Demian. Unterm Rad. München 1989.
Field, Georg Wallis: Hermann Hesse. Kommentar zu sämtlichen Werken. Stuttgart 1977.
Freedman, Ralph: Hermann Hesse. Autor der Krisis. Eine Biographie. Frankfurt a. M. 1982.
Gottschalch, Wilfried: Schülerkrisen. Autoritäre Erziehung, Flucht und Widerstand. Reinbek bei Hamburg 1977.
Greiner, Siegfried: Hermann Hesse. Jugend in Calw. Sigmaringen 1981.
Hsia, Adrian (Hrsg.): Hermann Hesse im Spiegel der zeitgenössischen Kritik. Bern / München 1975.
Hucke, Karl-Heinz: Der integrierte Außenseiter. Hesses frühe Helden. Frankfurt a. M. 1983.
Karalaschwili, Reso: Hermann Hesses Romanwelt. Köln / Wien 1986.
Karst, Theodor: Kindheit, Jugend, Schule – zum Beispiel Hermann Hesses »Unterm Rad«. In: Gerhard Haas (Hrsg.): Literatur im Unterricht. Stuttgart 1982. S. 30–45.
Köhler, Karl-Heinz: Poetische Sprache und Sprachbewußtsein um 1900. Untersuchungen zum frühen Werk Hermann Hesses, Paul Ernsts und Ricarda Huchs. Stuttgart 1977.
Koester, Rudolf: Hermann Hesse. Stuttgart 1975.

Lämmert, Eberhard: Hermann Hesse – Einzelgänger für Millionen. In: Jahrbuch der Deutschen Schillergesellschaft 21 (1977) S. 533 bis 542.
Lüthi, Hans Jürg: Hermann Hesse. Natur und Geist. Stuttgart 1970.
Michels, Volker (Hrsg.): Über Hermann Hesse. 2 Bde. Frankfurt a. M. 1976–77.
– (Hrsg.): Hermann Hesse. Sein Leben in Bildern und Texten. Frankfurt a. M. 1979. – Taschenbuchausg.: Frankfurt a. M. 1987.
Mileck, Joseph: Hermann Hesse. Dichter, Sucher, Bekenner. Biographie. Aus dem Amerikan. übers. von Jutta und Theodor A. Knust. München 1979. – Taschenbuchausg.: Frankfurt a. M. 1987.
Müller, Michael: »Unterm Rad«. In: Interpretationen: Hermann Hesse. Romane. Stuttgart 1994.
Pfeifer, Martin: Hesse-Kommentar zu sämtlichen Werken. München 1980. – Überarb. und erw. Neuausg. Frankfurt a. M. 1990.
– (Hrsg.): Hermann Hesses weltweite Wirkung. Internationale Rezeptionsgeschichte. 3 Bde. Frankfurt a. M. 1977–91.
Stolte, Heinz: Hermann Hesse. Weltscheu und Lebensliebe. Hamburg 1971.
Unseld, Siegfried: Hermann Hesse, eine Werkgeschichte. Frankfurt a. M. 1973. – Erw. Ausg. 1985 u. d. T.: Hermann Hesse. Werk und Wirkungsgeschichte. – Taschenbuchausg.: Frankfurt a. M. 1987.
Völpel, Christiane: Hermann Hesse und die deutsche Jugendbewegung. Bonn 1977.
Zeller, Bernhard: Hermann Hesse in Selbstzeugnissen und Bilddokumenten. Reinbek bei Hamburg 1981 [u. ö.].

Erläuterungen und Dokumente

Eine Auswahl

---

zu Böll, *Ansichten eines Clowns.* 84 S. UB 8192

zu Büchner, *Dantons Tod.* 112 S. UB 8104 – *Lenz.* 173 S. UB 8180 – *Woyzeck.* 96 S. UB 8117

zu Droste-Hülshoff, *Die Judenbuche.* 83 S. UB 8145

zu Dürrenmatt, *Der Besuch der alten Dame.* 93 S. UB 8130 – *Die Physiker.* 243 S. UB 8189 – *Romulus der Große.* 96 S. UB 8173

zu Eichendorff, *Aus dem Leben eines Taugenichts.* 120 S. UB 8198

zu Fontane, *Effi Briest.* 168 S. UB 8119 – *Frau Jenny Treibel.* 111 S. UB 8132 – *Grete Minde.* 80 S. UB 8176 – *Irrungen, Wirrungen.* 148 S. UB 8146 – *Schach von Wuthenow.* 155 S. UB 8152 – *Der Stechlin.* 181 S. UB 8144

zu Frisch, *Andorra.* 88 S. UB 8170 – *Biedermann und die Brandstifter.* 128 S. UB 8129 – *Homo faber.* 196 S. UB 8179

zu Goethe, *Egmont.* 144 S. UB 8126 – *Götz von Berlichingen.* 176 S. UB 8122 – *Iphigenie auf Tauris.* 112 S. UB 8101 – *Die Leiden des jungen Werther.* 192 S. UB 8113 – *Novelle.* 160 S. UB 8159 – *Torquato Tasso.* 251 S. UB 8154 – *Urfaust.* 168 S. UB 8183 – *Die Wahlverwandtschaften.* 228 S. UB 8156 – *Wilhelm Meisters Lehrjahre.* 398 S. UB 8160

zu Gotthelf, *Die schwarze Spinne.* 93 S. UB 8161

zu Grass, *Katz und Maus.* 192 S. UB 8137

zu Hauptmann, *Bahnwärter Thiel.* 54 S. UB 8125 – *Der Biberpelz.* 104 S. UB 8141 – *Die Ratten.* 183 S. UB 8187

zu Heine, *Deutschland. Ein Wintermärchen.* 208 S. UB 8150

zu Hesse, *Demian. Die Geschichte von Emil Sinclairs Jugend.* 86 S. UB 8190 – *Der Steppenwolf.* 156 S. UB 8193

zu Hoffmann, *Das Fräulein von Scuderi.* 136 S. UB 8142 – *Der goldne Topf.* 160 S. UB 8157 – *Klein Zaches genannt Zinnober.* 170 S. UB 8172

zu Ibsen, *Nora (Ein Puppenheim).* 86 S. UB 8185

zu Kafka, *Der Proceß.* 230 S. UB 8197 – *Das Urteil.* 144 S. UB 16001 – *Die Verwandlung.* 176 S. UB 8155

zu Keller, *Das Fähnlein der sieben Aufrechten.* 87 S. UB 8121 – *Kleider machen Leute.* 108 S. UB 8165 – *Romeo und Julia auf dem Dorfe.* 88 S. UB 8114

zu Kleist, *Amphitryon.* 160 S. UB 8162 – *Das Erdbeben in Chili.* 151 S. UB 8175 – *Das Käthchen von Heilbronn.* 162 S. UB 8139 – *Die Marquise von O…* 125 S. UB 8196 – *Michael Kohlhaas.* 111 S. UB 8106 – *Penthesilea.* 159 S. UB 8191 – *Prinz Friedrich von Homburg.* 237 S. UB 8147 – *Der zerbrochne Krug.* 157 S. UB 8123

zu J. M. R. Lenz, *Der Hofmeister.* 183 S. UB 8177 – *Die Soldaten.* 88 S. UB 8124

zu Lessing, *Emilia Galotti.* 109 S. UB 8111 – *Minna von Barnhelm.* 109 S. UB 8108 – *Miß Sara Sampson.* 93 S. UB 8169 – *Nathan der Weise.* 167 S. UB 8118

zu H. Mann, *Der Untertan.* 162 S. UB 8194

zu Th. Mann, *Mario und der Zauberer.* 104 S. UB 8153 – *Der Tod in Venedig.* 196 S. UB 8188 – *Tonio Kröger.* 102 S. UB 8163 – *Tristan.* 96 S. UB 8115

zu Mörike, *Mozart auf der Reise nach Prag.* 117 S. UB 8135

zu Novalis, *Heinrich von Ofterdingen.* 236 S. UB 8181

zu Schiller, *Don Carlos.* 238 S. UB 8120 – *Die Jungfrau von Orleans.* 160 S. UB 8164 – *Kabale und Liebe.* 147 S. UB 8149 – *Maria Stuart.* 214 S. UB 8143 – *Die Räuber.* 232 S. UB 8134 – *Die Verschwörung des Fiesco zu Genua.* 263 S. UB 8168 – *Wallenstein.* 294 S. UB 8136 – *Wilhelm Tell.* 111 S. UB 8102

zu Shakespeare, *Hamlet.* 264 S. UB 8116

zu Storm, *Hans und Heinz Kirch.* 94 S. UB 8171 – *Immensee.* 88 S. UB 8166 – *Der Schimmelreiter.* 101 S. UB 8133

zu Tieck, *Der blonde Eckbert / Der Runenberg.* 85 S. UB 8178

zu Wedekind, *Frühlings Erwachen.* 203 S. UB 8151

zu Zuckmayer, *Der Hauptmann von Köpenick.* 171 S. UB 8138

Philipp Reclam jun. Stuttgart